Zur Einführung

in die

Reichs-Gerichtsverfassung

und den

Reichs-Civilproceß.

Fünf Vorträge

von

Dr. Hermann Fitting,
ordentlichem Professor der Rechte zu Halle.

Zweiter Abdruck.

Berlin.
Verlag von J. Guttentag.
(D. Collin.)
1879.

Vorwort.

Die nachstehenden Vorträge wurden im März und April d. J. in Altenburg auf Veranlassung der dortigen Herzoglichen Regierung gehalten. Sie erscheinen im Drucke auf den Wunsch des dortigen Zuhörerkreises, welcher sie in dieser dauernden Gestalt zu besitzen wünschte. Diesen Wunsch, der für ihn zugleich die werthvollste Anerkennung enthält, glaubte der Verfasser um so eher erfüllen zu müssen, als ihm von berufenster Seite die Ansicht ausgesprochen wurde, daß die Vorträge wohl auch für die praktischen Juristen anderer deutscher, namentlich gemeinrechtlicher Gebiete zur leichteren Einführung in die neue Gerichtsverfassung und den neuen Civilproceß von Nutzen sein könnten.

I.

Meine Herren!

Als ich die ehrenvolle Aufforderung erhielt, zur besseren Einführung der hiesigen Praktiker in die neue Gerichtsverfassung und den neuen Civilproceß hier einige Vorlesungen zu halten, zögerte ich zwar nicht, diesem Wunsche zu entsprechen, weil ich es für eine der obersten und wichtigsten Pflichten der deutschen Rechtswissenschaft halte, die rasche Einbürgerung der neuen Reichs-Justizgesetze auch ihrerseits nach Kräften zu fördern; ich war mir aber zugleich der Schwierigkeit der übernommenen Aufgabe wohl bewußt. Denn ich konnte mir ja nicht verhehlen, daß es sich darum handle, nicht bloß an fremdem Orte, sondern auch vor einem in mehr als Einer Hinsicht unbekannten Publicum zu reden, dessen Bedürfnisse und Ansprüche von denjenigen des mir gewohnten Zuhörerkreises sehr wesentlich verschieden sind. Je weniger ich demnach sicher sein kann, diesen Bedürfnissen und Ansprüchen ausreichend zu genügen, um so mehr fühle ich mich gedrungen, vor allem Anderen um Ihre wohlwollende Nachsicht zu bitten. Ich werde mir zwar alle Mühe geben, dieselbe nicht allzusehr in Anspruch zu nehmen; immerhin, fürchte ich aber, wird für sie noch Raum genug zur Bethätigung übrig bleiben.

Was den Inhalt meiner Vorträge anlangt, so kann ich natürlich kein weiteres Ziel erstreben als eine das gründlichere Studium erleichternde einleitende Uebersicht. Ich werde mich daher überall auf die allgemeinsten Grundzüge beschränken müssen. Vielleicht aber, daß gerade diese starke Concentrirung des Stoffes geeignet ist, die Klarheit des Gesammtbildes, worauf es doch vor allen Dingen ankommt, zu fördern.

Ich will beginnen mit der Darstellung der neuen Gerichtsverfassung. Ihre Quelle ist das Gerichtsverfassungsgesetz für das deutsche Reich, wozu als Ergänzung die Rechtsanwaltsordnung hinzutritt.

Das Gerichtsverfassungsgesetz deckt und erschöpft aber keinesweges das gesammte Gebiet der Gerichtsbarkeit, sondern es beschränkt sich, wie die Civilproceßordnung und die Strafproceßordnung, auf die ordentliche streitige Gerichtsbarkeit. Auf die streitige Gerichtsbarkeit; welchen Behörden die Geschäfte der sog. freiwilligen Gerichtsbarkeit obliegen, und wie vieles davon den Gerichten zugewiesen werden soll, ist daher, wie bisher, durch die Landesgesetzgebung zu bestimmen, welche sich dabei natürlich der allgemeinen Gerichtsverfassung möglichst anschließen wird. Aber auch wiederum nur für die ordentliche streitige Gerichtsbarkeit ist die Gerichtsverfassung durch das Gerichtsverfassungsgesetz geregelt, d. h. für diejenige Gerichtsbarkeit, welche als die regelmäßige gilt und durch die ordentlichen, d. h. regelmäßig zuständigen, Gerichte ausgeübt wird. Außerhalb des Bereiches des Gerichtsverfassungsgesetzes, gleichwie auch der Reichs-Proceßordnungen, liegt daher diejenige Rechtspflege, deren Ausübung durch Verwaltungsbehörden oder Verwaltungsgerichte, oder durch besondere Gerichte geschieht. Hiefür sind fortwährend die bezüglichen besonderen Reichsgesetze oder die Landesgesetze maßgebend. Jedoch sind der Ausschließung des Rechtsweges durch die Landesgesetzgebung gewisse Grenzen gesteckt; insbesondere darf er in bürgerlichen Rechtsstreitigkeiten nicht aus dem Grunde ausgeschlossen werden, weil der Fiscus, eine Gemeinde oder andere öffentliche Corporation Partei ist. Ferner ist die Zahl der zulässigen besonderen Gerichte beschränkt. Endlich ist als Grundsatz aufgestellt, daß die ordentlichen Gerichte selbst über die Zulässigkeit des Rechtsweges entscheiden. Zwar erleidet dieser Grundsatz insofern eine Ausnahme, als die Entscheidung von Competenzconflicten zwischen den Gerichten und den Verwaltungsbehörden oder Verwaltungsgerichten von der Landesgesetzgebung besonderen Behörden übertragen werden kann; allein diese Behörden müssen dann zur Sicherung ihrer Unabhängigkeit wenigstens gewissen reichsgesetzlich vorgeschriebenen Anforderungen entsprechen. Uebrigens kann die Entscheidung solcher Streitigkeiten für einen Bundesstaat auf seinen Antrag und mit Zustimmung des Bundesrathes durch Kaiserliche Verordnung auch dem Reichsgerichte zugewiesen werden.

Die ordentliche streitige Gerichtsbarkeit, mit der ich mich von jetzt an ausschließlich beschäftige, steht nach dem neuen Reichsrecht ausschließlich dem Staate zu, und alle Gerichte sind daher Staatsgerichte. Alle Privatgerichtsbarkeit ist aufgehoben mit Inbegriff der Präsentationsrechte, welche bisher einzelnen Privatpersonen für Anstellungen bei den Gerichten hier und da zustanden. Nicht minder ist die bürgerliche Wirkung beseitigt, welche früher in einzelnen deutschen Staaten den Aussprüchen der geistlichen Gerichte in gewissen weltlichen Angelegenheiten, namentlich in Ehe- und Verlöbnißsachen, zuerkannt war.

Die ordentliche streitige Gerichtsbarkeit darf aber ferner

nur durch Gerichte ausgeübt werden, welche den Vorschriften des Gerichtsverfassungsgesetzes entsprechen; alle Ausnahmegerichte sind unstatthaft, gleichviel, ob sie als ständige, oder nur als vorübergehende, auf einzelne Fälle beschränkte Gerichte beabsichtigt wären. Doch sind die bestehenden gesetzlichen Bestimmungen über Kriegsgerichte und Standrechte aufrecht erhalten.

Um endlich den sämmtlichen deutschen Bundesstaaten für das Gebiet der ordentlichen streitigen Gerichtsbarkeit nicht nur eine gleichmäßige Gerichtsverfassung, sondern auch eine gewisse gleichmäßige Tüchtigkeit des Richterpersonals zu sichern, sind die Vorbedingungen der Befähigung zum Richteramte wenigstens durch Aufstellung gewisser Minimalanforderungen reichsgesetzlich festgesetzt.

Was die Gerichtsverfassung selbst anlangt, so stellt das Gerichtsverfassungsgesetz als ersten und obersten Grundsatz hin, daß die ordentliche streitige Gerichtsbarkeit durch unabhängige, nur dem Gesetz unterworfene Gerichte ausgeübt wird. Hiemit ist zuvörderst die Unzulässigkeit der Cabinetsjustiz, sodann aber auch die strenge Trennung der Justiz von der Verwaltung ausgesprochen. So wenig einer Verwaltungsbehörde die Ausübung der ordentlichen streitigen Gerichtsbarkeit übertragen werden darf, eben so wenig dürfen einem ordentlichen Gerichte Verwaltungsgeschäfte übertragen werden mit Ausnahme von Geschäften der Justizverwaltung. Die Unabhängigkeit der ordentlichen Gerichte ist noch besonders gesichert durch reichsgesetzliche Vorschriften, welche den Richtern für ihre Person der Regierung gegenüber eine unabhängige Stellung gewähren. Endlich ist die letzte Möglichkeit willkürlicher äußerer Einflüsse auf die Thätigkeit der Gerichte zu beseitigen gesucht durch die Vorschriften über die Bildung der Kammern und Senate bei den Collegialgerichten und die Art der Geschäftsvertheilung an dieselben, sowie durch die Bestimmungen in Betreff der Hülfsrichter, was alles ich hier, als zu sehr ins Einzelne eingehend, nicht weiter verfolgen kann.

Zur gehörigen Besetzung eines Gerichtes gehören immer wesentlich zweierlei Gerichtspersonen: Richter und Gerichtsschreiber. Die Aufgabe der Gerichtsschreiber ist bei mündlichem Verfahren überhaupt, insbesondere aber nach den Vorschriften der Reichs-Proceßordnungen, die sich hier wesentlich an das französische System angeschlossen haben, eine viel wichtigere und umfassendere als nach dem bisherigen gemeinen deutschen Proceßrechte. Sie führen nicht bloß in den Gerichtssitzungen das Protokoll und ertheilen die Ausfertigungen, Auszüge und Abschriften aus den Acten, sondern sie haben, zur möglichsten Entlastung der Richter von äußeren und mit der Rechtsprechung nicht unmittelbar zusammenhängenden Geschäften, überhaupt den mehr geschäftlichen Theil der gerichtlichen Thätigkeit zu besorgen und den geschäftlichen Verkehr zwischen den Gerichten und dem Publicum zu vermitteln. Die Richter selbst treten den Parteien und dem Publicum fast nur in den Gerichtssitzungen unmittelbar gegenüber, was dem richterlichen Ansehen nur förderlich sein kann. Im Uebrigen bewegt sich das processualische Getriebe, soweit es einer gerichtlichen Mitwirkung oder Vermittelung bedarf, in den Gerichtsschreibereien. Die nähere Einrichtung derselben ist der Justizverwaltung der einzelnen Bundesstaaten überlassen.

Die Gerichte sind aber überhaupt bei weitem nicht mehr in dem Maße an dem Proceßbetriebe betheiligt als nach dem bisherigen Rechte der meisten deutschen Länder und namentlich nach dem gemeinen Proceßrechte. Während es ihnen bisher oblag, den Proceß zu instruiren und namentlich den Schriftenwechsel der Parteien durch ihre Decrete zu vermitteln, geschieht die Vorbereitung des Processes und der Wechsel der Schriften jetzt unmittelbar zwischen den Parteien. Und während ferner die Gerichte nach dem bisherigen Rechte die Ladungen und sonstigen Zustellungen sowie die Vollstreckungshandlungen ihrerseits durch ihre Gerichtsdiener zu besorgen hatten, sind für diese Functionen nach französischem Vorbilde jetzt selbständige Amtspersonen, die Gerichtsvollzieher, aufgestellt, welche in unmittelbarem Auftrage der Parteien zu handeln haben, deren Vermittelung sich aber auch das Gericht bei den von Amtswegen erfolgenden Zustellungen bedienen muß. Uebrigens können Zustellungen auch durch die Post geschehen, wozu es freilich in der Regel auch wieder der Vermittelung eines Gerichtsvollziehers bedarf. Ferner kommt den Gerichten bei der Zwangsvollstreckung nicht bloß eine gewisse Mitwirkung zu, sondern für manche Arten der Zwangsvollstreckung bedarf es, ähnlich wie nach dem bisherigen Rechte, sogar der Vermittelung des Gerichtes. Die nähere Regelung der Dienst- und Geschäftsverhältnisse der Gerichtsvollzieher ist der Landesjustizverwaltung überlassen.

Wenn aber aus der gewichtigen Rücksicht möglichster Beschränkung der Richter auf die wesentliche richterliche Aufgabe der Rechtsprechung sowie zur Erzielung größerer Selbständigkeit und freierer Bewegung der Parteien die Instruction des Processes und der Proceßbetrieb den Gerichten abgenommen und in die Hand der Parteien gelegt wurde: so bedurfte es für die gehörige und sachkundige Vorbereitung und Führung der Processe einer anderen Garantie. Zugleich muß in einem Proceßsystem, welches auf dem Grundsatze der Mündlichkeit beruht, auch dafür eine Gewähr gegeben sein, daß bei der mündlichen Verhandlung vor dem erkennenden Gerichte die Sache geordnet und in angemessener Form vorgetragen und in thatsächlicher wie rechtlicher Beziehung erschöpfend und gründlich erörtert werde. Aus dieser doppelten Rücksicht ist, wiederum in Anlehnung an den französischen Proceß, für alle Processe, die vor Collegialgerichten verhandelt werden, der Anwaltszwang vorgeschrieben. Somit erscheint denn auch die Rechtsanwaltschaft als ein wesentliches Glied der neuen Gerichtsverfassung. Nach dem gemeinen Proceßrechte nur zugelassen und geduldet und daher trotz ihrer Amtspflichten doch im Grunde nur einseitige Vertreter der Parteiinteressen, haben die Rechtsanwälte in dem neuen Verfahren die ungleich höhere und würdigere, aber freilich auch ungleich verantwortlichere Stellung von Gehülfen des Richters. Ja man kann mit gutem Grunde sagen, daß der Schwerpunkt des neuen Proceßsystems in der Rechtsanwaltschaft liegt, und daß von ihrer Gewissenhaftigkeit, Sachkenntniß und Sorgsamkeit der günstige Erfolg dieses Systems mehr als von allem Anderen abhängt. Man darf sich daher in der That einigermaßen darüber wundern, daß durch die Freigebung der Rechtsanwaltschaft der Staat jeden Einfluß auf die Zusammensetzung dieses wichtigen Standes aus der Hand gegeben, ja daß er sich nicht einmal die Aufsicht über die Amtsführung der Rechtsanwälte vorbehalten hat. Ganz besonders aber muß es befremden und wird sich schwerlich bewähren, daß trotz des in weitem Maße eingeführten Anwaltszwanges dennoch nirgends eine Sicherheit gegeben ist, daß auch wirklich bei jedem Collegialgerichte die genügende Zahl von Rechtsanwälten vorhanden sei. Damit sollen die günstigen Seiten der freien Advocatur keineswegs verkannt werden; aber es hätte sich doch vielleicht ein Mittelweg finden lassen, der die Vortheile gewahrt und die Nachtheile vermieden oder mindestens verringert hätte. Mit diesen allgemeinen Bemerkungen muß ich mich hier einstweilen begnügen; denn eine eingehendere Darstellung der Organisation der Rechtsanwaltschaft kann erst gegeben werden, nachdem von der Gliederung der Gerichte die Rede gewesen ist.

Ein wesentliches Glied der neuen Gerichtsverfassung ist endlich in Rücksicht auf die Gestaltung des Strafverfahrens auch noch die Staatsanwaltschaft. Und zwar muß bei jedem Gerichte eine Staatsanwaltschaft bestehen, wenn auch nicht nothwendig ein besonderer Beamter der Staatsanwaltschaft. Die Beamten der Staatsanwaltschaft sind aber nicht Mitglieder der Gerichte, sondern den Gerichten beigeordnete Organe der Justizverwaltung, welche in ihren Amtsverrichtungen von den Gerichten unabhängig, dagegen aber an die dienstlichen Anweisungen ihrer Vorgesetzten gebunden sind. Im Civilprocesse steht der Staatsanwaltschaft eine Mitwirkung nur in Ehe- und Entmündigungssachen zu, weil hier neben dem Privatinteresse der Parteien auch das öffentliche Interesse betheiligt ist. Die Gliederung der Staatsanwaltschaft läßt sich nur in Verbindung mit der Gliederung der Gerichte angeben, zu der ich nunmehr übergehe.

Sie beruht auf folgendem einfachem Schema. Als Gerichte erster Instanz stehen die Amtsgerichte und die Landgerichte neben einander. Als Gerichte zweiter Instanz sind den Amtsgerichten die Landgerichte, den Landgerichten die Oberlandesgerichte übergeordnet. Endlich steht über den Oberlandesgerichten als Gericht dritter Instanz das Reichsgericht oder ein oberstes Landesgericht. Die Amtsgerichte sind mit Einzelrichtern besetzt; alle übrigen Gerichte haben eine collegiale Verfassung. Mit den

Amtsgerichten stehen die Schöffengerichte als Gerichte für die leichtesten, mit den Landgerichten die Schwurgerichte als Gerichte für die schwersten Strafsachen in Verbindung. Die mittleren Strafsachen werden von den Strafkammern der Landgerichte abgeurtheilt. Das Amt der Staatsanwaltschaft wird bei den Amtsgerichten und Schöffengerichten durch einen oder mehrere Amtsanwälte, bei den Landgerichten, Schwurgerichten und Oberlandesgerichten durch einen oder mehrere Staatsanwälte, bei dem Reichsgerichte durch einen Oberreichsanwalt und einen oder mehrere Reichsanwälte ausgeübt.

Es wird sich nun darum handeln, diese einzelnen Gerichte näher zu betrachten. Dabei ist aber der Klarheit wegen Civil- und Strafproceß zu sondern.

Die bürgerlichen Rechtsstreitigkeiten werden in erster Instanz theils von den Amtsrichtern als Einzelrichtern, theils von den Landgerichten als Collegialgerichten abgeurtheilt. Für Sachsen-Altenburg ist dies insofern eine nicht unwichtige Veränderung, als hier bisher die Civilgerichtsbarkeit in erster Instanz immer nur durch Einzelrichter ausgeübt wurde. Theoretisch sind die Landgerichte die regelmäßigen Gerichte erster Instanz, weil vor sie alle Sachen gehören, die nicht den Amtsgerichten besonders zugewiesen sind. Praktisch und in der Wirklichkeit aber werden die meisten Processe vielmehr in erster Instanz vor den Amtsgerichten spielen, weil in den Kreis ihrer Zuständigkeit gerade diejenigen Streitsachen fallen, welche erfahrungsgemäß weitaus die größte Zahl der Rechtsstreitigkeiten ausmachen. Für das Publicum sind also in der That die Amtsgerichte die wichtigsten Gerichte. Ihnen sind nämlich zuvörderst zugewiesen alle Streitigkeiten über vermögensrechtliche Ansprüche, deren Gegenstand den Werth von 300 Mark nicht übersteigt; außerdem aber ohne Rücksicht auf den Werth des Streitgegenstandes noch gewisse ihrer Natur nach einfache oder schleunige Sachen, sowie solche, zu deren sachgemäßer Erledigung eine genauere Local- und Personalkenntniß erforderlich ist, wie z. B. Miethsstreitigkeiten, Streitigkeiten zwischen Herrschaft und Gesinde, zwischen Reisenden und Wirthen und dgl., sodann Streitigkeiten wegen Viehmängel, wegen Wildschadens, Ansprüche aus einem außerehelichen Beischlafe. Ferner gehört vor die Amtsgerichte auch das Mahnverfahren und das Aufgebotsverfahren. Wo es bei der Zwangsvollstreckung einer Mitwirkung oder Vermittelung der Gerichte bedarf, sind dafür in der Regel wiederum nur die Amtsgerichte zuständig. Endlich sind die Amtsgerichte auch die Concursgerichte.

Vor die Landgerichte gehören demnach in erster Instanz zuvörderst alle Processe, welche den Personenstand oder Familienverhältnisse betreffen, namentlich die Ehesachen, sodann aber die vermögensrechtlichen Processe, wenn der Gegenstand des erhobenen Anspruches den Werth von 300 Mark übersteigt. Für gewisse besondere Rechtsstreitigkeiten sind sie jedoch ohne Rücksicht auf den Werth des Streitgegenstandes ausschließlich für zuständig erklärt, und die Landesgesetzgebung ist befugt, ihnen auch noch gewisse andere ohne Rücksicht auf den Werth ausschließlich zuzuweisen.

Wenn aber sonach die Amtsgerichte im Ganzen über geringfügigere Rechtsstreitigkeiten zu urtheilen haben, als die Landgerichte, und wenn ferner die letzteren Berufungs- und Beschwerdeinstanz für jene sind: so ist gleichwohl das Verhältniß zwischen den Amtsrichtern und den Landrichtern nicht so gedacht, als ob jene in Rang und Besoldung gegen diese zurücktreten sollten. Vielmehr soll nach den übereinstimmenden

Ansichten des Bundesrathes und des Reichstages in Beidem möglichste Gleichstellung stattfinden. Denn wenn die Amtsrichter wirklich die gedeihliche und segensreiche Wirksamkeit üben sollen, welche der Gesetzgeber ihnen zugedacht hat, so ist vor allen Dingen erforderlich, daß sie ihr Amt als eine dauernde Lebensstellung und nicht als eine bloße Durchgangsstufe zu der allein als ordentliche Richterstellung geschätzten Stellung des Landrichters betrachten.

Auch ist die Scheidung der sachlichen Zuständigkeit der Landgerichte und der Amtsgerichte mindestens in vermögensrechtlichen Processen insofern keine ganz scharfe, als die Parteien kraft ausdrücklicher oder stillschweigender Vereinbarung anstatt des Landgerichtes das Amtsgericht angehen können oder umgekehrt. In Folge dieser freien und weitgehenden Prorogationsbefugniß wird sich die Zahl der bei den Amtsgerichten verhandelten Processe sicher noch erheblich steigern.

Die Landgerichte urtheilen in Civilsachen durch ihre Civilkammern und durch die Kammern für Handelssachen. Die Civilkammern bestehen aus je drei Mitgliedern des Landgerichtes: dem Gerichtspräsidenten oder einem Director als Vorsitzendem und zwei Landrichtern.

Kammern für Handelssachen müssen nicht bei jedem Landgerichte bestehen, sondern sie können von der Landesjustizverwaltung nur je nach Bedürfniß gebildet werden, sei es für den ganzen Landgerichtsbezirk, sei es für örtlich abgegrenzte Theile desselben. Sie können ihren Sitz auch an anderen Orten des Landgerichtsbezirkes haben als das Landgericht selbst (auswärtige Kammern für Handelssachen). Jede Kammer für Handelssachen besteht aus einem Mitgliede des Landgerichtes als Vorsitzendem und aus zwei Handelsrichtern. Bei den auswärtigen Kammern für

Handelssachen kann auch ein Amtsrichter Vorsitzender sein. Die Handelsrichter werden aus den im Bezirke der Kammer wohnenden Angehörigen des Handelsstandes auf den gutachtlichen Vorschlag des zur Vertretung dieses Standes berufenen Organs, gewöhnlich Handelskammer genannt, jedesmal auf drei Jahre ernannt. Sie führen ihr Amt als ein Ehrenamt.

Wo Kammern für Handelssachen gebildet sind, gehören vor sie von den Rechtsstreitigkeiten, wofür die Landgerichte sachlich zuständig sind, alle diejenigen, die nach den näheren Bestimmungen des Gerichtsverfassungsgesetzes in §. 101 als Handelssachen erscheinen. Insbesondere gehören dahin alle Wechselprocesse. Jede Partei kann eine solche Sache vor die Kammer für Handelssachen bringen.

Was die Civilrechtspflege in zweiter Instanz anlangt, so stehen über den Amtsgerichten als Berufungs- und Beschwerdegerichte die Landgerichte in ihren Civilkammern (die Kammern für Handelssachen entscheiden niemals als Berufungs- oder Beschwerdegerichte); von den Landgerichten geht Berufung und Beschwerde an die Civilsenate der Oberlandesgerichte. Und zwar kann gegen jedes Endurtheil eines Amtsgerichtes Berufung an das Landgericht, gegen jedes Endurtheil eines Landgerichtes Berufung an das Oberlandesgericht eingelegt werden. Jeder Senat eines Oberlandesgerichtes besteht aus dem Oberlandesgerichts-Präsidenten oder einem besonderen Senatspräsidenten als Vorsitzendem und aus vier Oberlandesgerichtsräthen.

Ueber den Oberlandesgerichten steht als Revisions- und Beschwerdegericht das Reichsgericht, welches bekanntlich seinen Sitz in Leipzig erhält. Es entscheidet durch Senate von sieben Mitgliedern, welche mit Einschluß des Reichsgerichts-Präsidenten oder eines besonderen Senatspräsidenten als Vorsitzendem aus je sieben Mitgliedern bestehen. Revision kann aber nur gegen die in der Berufungsinstanz ergangenen Endurtheile der Oberlandesgerichte eingelegt werden, und auch gegen diese nur mit mancherlei, bei einer späteren Gelegenheit zu erörternden Beschränkungen. Gegen die Berufungsurtheile der Landgerichte gibt es überhaupt kein Rechtsmittel und keine dritte Instanz.

Anstatt des Reichsgerichtes können diejenigen Bundesstaaten, in welchen mehrere Oberlandesgerichte bestehen, als oberstes Revisions- und Beschwerdegericht für Civilsachen ein oberstes Landesgericht einsetzen. Doch können Rechtsstreitigkeiten, welche bisher zur Zuständigkeit des Reichs-Oberhandelsgerichtes gehörten, oder welche dem Reichsgerichte durch besondere Reichsgesetze zugewiesen werden, dem letzteren nicht entzogen werden. Von der Befugniß zur Errichtung eines obersten Landesgerichtes hat übrigens nur Bayern Gebrauch gemacht.

Ich wende mich zu der Strafrechtspflege. Als Strafgerichte erster Instanz stehen neben einander die Schöffengerichte, die Strafkammern der Landgerichte und die Schwurgerichte: die Schöffengerichte gemischt aus rechtsgelehrten Richtern und Laienrichtern, die Strafkammern bloß aus rechtsgelehrten Richtern, die Schwurgerichte bloß aus Laienrichtern bestehend, — ein System, welches Gelegenheit geben wird, alle denkbaren Gestalten der Strafgerichte praktisch zu erproben. Für Sachsen-Altenburg, welches bisher die Zuziehung von Laien in Strafsachen nicht kannte, enthält die neue Verfassung der Strafgerichte eine Neuerung von der allereingreifendsten und wichtigsten Art.

Die Schöffengerichte werden bei den Amtsgerichten gebildet, und zwar besteht jedes Schöffengericht aus dem

Amtsrichter als Vorsitzendem und aus zwei dem Laienelement entnommenen Schöffen. Letztere machen mit dem Amtsrichter zusammen ein Richtercollegium aus und üben bei der Hauptverhandlung das Richteramt im vollen Umfang und mit gleichem Stimmrechte wie der Amtsrichter aus; sie haben überhaupt diesem gegenüber ganz und gar die gleiche Stellung, wie die Mitglieder irgend eines anderen Richtercollegiums zu dem Vorsitzenden desselben.

Das Amt der Schöffen ist ein Ehrenamt und daher unentgeltlich zu verwalten; nur die Reisekosten werden den Schöffen vergütet. Zum Schöffenamte gleichwie auch zum Geschworenenamte sind bloß Deutsche fähig, die sich im vollen Besitze der bürgerlichen Ehrenrechte und der Verfügungsbefugniß über ihr Vermögen befinden. Auch sollen zu beiden Aemtern nur Personen berufen werden, welche das dreißigste Lebensjahr vollendet und in einer Gemeinde des Amts- oder bezw. Schwurgerichtsbezirkes bereits seit zwei Jahren ihren Wohnsitz haben; welche ferner nicht wegen geistiger oder körperlicher Gebrechen zu dem Amte als ungeeignet erscheinen, nicht aus öffentlichen Mitteln Armenunterstützung empfangen und nicht die Stellung von Dienstboten haben. Auch sollen gewisse Klassen von Beamten, namentlich solche, welche jederzeit einstweilig in den Ruhestand versetzt werden können, ferner richterliche Beamte (wohin auch Handelsrichter gehören) und Beamte der Staatsanwaltschaft, gerichtliche und polizeiliche Vollstreckungsbeamte, nicht zum Schöffenamte berufen werden. Eben so wenig Religionsdiener, Volksschullehrer und Militärpersonen des activen Heers oder der activen Marine. Die Berufung dürfen ablehnen: Mitglieder einer deutschen gesetzgebenden Versammlung, Aerzte, Apotheker ohne Gehülfen, Personen über 65 Jahre, solche, welche den mit der Ausübung des Amtes verbundenen Aufwand nicht zu tragen im Stande sind, endlich und namentlich aber solche, welche im letzten Geschäftsjahr die Verpflichtung eines Geschworenen oder an wenigstens fünf Sitzungstagen diejenige eines Schöffen erfüllt haben. Auch soll Niemand für ein und dasselbe Geschäftsjahr als Geschworener und als Schöffe bestimmt werden.

Die Art der alljährlichen Auswahl der Schöffen selbst aus den von den Gemeindebehörden aufgestellten Urlisten durch einen aus dem Amtsrichter, einem Staatsverwaltungsbeamten und sieben Vertrauensmännern bestehenden Ausschuß muß hier als zu weit führend übergangen werden. Nur Folgendes mag noch bemerkt sein. Die Zahl der Schöffen soll immer so bestimmt werden, daß voraussichtlich jeder höchstens zu fünf ordentlichen Sitzungstagen im Jahr herangezogen wird. Ferner werden die Tage der ordentlichen Schöffengerichtssitzungen für das ganze Jahr im voraus festgestellt, die Reihenfolge, in der die Schöffen an diesen Sitzungen Theil nehmen, durch Auslosung bestimmt, und die Schöffen von den Sitzungstagen, an denen sie hienach in Thätigkeit zu treten haben, in Kenntniß gesetzt. Unentschuldigtes Ausbleiben zieht eine Ordnungsstrafe von 5 bis 1000 Mark nach sich. Bei seiner ersten Dienstleistung wird jeder Schöffe für die ganze Dauer des Geschäftsjahrs beeidigt.

Die Strafkammern der Landgerichte üben eine doppelte Thätigkeit: theils als beschließende, theils als erkennende, d. h. über die Strafbarkeit des Angeklagten aburtheilende, Gerichte. Als beschließende Gerichte entscheiden sie immer in der Besetzung von drei Mitgliedern mit Einschluß des vorsitzenden Gerichtspräsidenten oder

Directors. Als erkennende Gerichte erster Instanz dagegen entscheiden sie in der Besetzung von fünf Mitgliedern, und zwar so, daß die Verurtheilung nur erfolgen kann, wenn sich vier Stimmen dafür aussprechen.

Bei großer räumlicher Ausdehnung eines Landgerichtsbezirkes kann die Landesjustizverwaltung auch auswärtige Strafkammern für den Bezirk eines oder mehrerer Amtsgerichte des Landgerichtssprengels bilden und diesen Strafkammern für ihren Bezirk entweder die gesammte Thätigkeit einer Strafkammer des Landgerichtes als erkennendes Gericht erster Instanz, als Beschlußkammer und als Berufungsgericht oder einen Theil dieser Thätigkeit zuweisen. Eine solche auswärtige Strafkammer hat ihren Sitz immer bei einem Amtsgerichte des Landgerichtsbezirkes. Sie wird aus Mitgliedern des Landgerichtes oder aus Amtsrichtern ihres Bezirkes oder gemischt aus den einen und den andern besetzt. Ihre Mitglieder brauchen nicht an ihrem Sitze zu wohnen.

Die Schwurgerichte treten zeitweise bei den Landgerichten zusammen. Jedes Schwurgericht besteht aus zwei verschiedenen Collegien: einem mit Einschluß des Vorsitzenden aus drei richterlichen Personen gebildeten Richtercollegium und der Geschworenenbank, die sich aus zwölf in gleicher Weise wie die Schöffen dem Laienelemente entnommenen Geschworenen zusammensetzt. Das Schwurgericht wird für jede Sitzungsperiode neu gebildet. Der Vorsitzende wird von dem Präsidenten des Oberlandesgerichtes aus den Mitgliedern des letzteren oder der zu dem Bezirke desselben gehörigen Landgerichte ernannt. Den Stellvertreter des Vorsitzenden und die übrigen richterlichen Mitglieder bestimmt der Präsident des Landgerichtes aus den Mitgliedern desselben. Die Geschworenenbank endlich wird aus den zu der

Sitzungsperiode geladenen und erschienenen Geschworenen für jeden einzelnen Fall durch Ausloosung gebildet und sodann jeder Geschworene für den Fall in Gegenwart des Angeklagten beeidigt. Die Geschworenen entscheiden ausschließlich über die Schuldfrage, und zwar so, daß zu jeder Verurtheilung eine Mehrheit von mindestens 8 gegen 4 Stimmen erforderlich ist. Alle anderen Entscheidungen werden von dem Richtercollegium allein erlassen. Ist dieses einstimmig der Ansicht, daß sich die Geschworenen in der Hauptsache zum Nachtheil des Angeklagten geirrt haben, so kann es die Sache zur neuen Verhandlung vor das Schwurgericht der nächsten Sitzungsperiode verweisen.

Die Abgrenzung der Zuständigkeit der Schöffengerichte, der Strafkammern der Landgerichte und der Schwurgerichte ist im Ganzen mit Rücksicht auf das Strafmaß geschehen, so daß die Schöffengerichte in der Regel nicht auf mehr als drei Monate Gefängniß oder 600 Mark Geldstrafe, die Strafkammern auf alle höheren Strafen bis zu fünf Jahren Zuchthaus erkennen sollen. Doch treffen diese Regeln nur annähernd zu und haben sich aus Zweckmäßigkeitserwägungen vielen Ausnahmen fügen müssen. Die Schwurgerichte sind zuständig für alle Verbrechen, welche nicht zur Zuständigkeit der Strafkammern oder des Reichsgerichtes gehören. Dem letzteren ist nämlich ausschließlich vorbehalten die Untersuchung und Entscheidung in erster und letzter Instanz in den Fällen des Hochverrathes oder Landesverrathes gegen den Kaiser oder das Reich.

Gegen jedes Urtheil eines Schöffengerichtes kann Berufung an die Strafkammer des übergeordneten Landgerichtes eingelegt werden. Diese entscheidet auch als Berufungsgericht in der Regel in der Besetzung von fünf Mitgliedern; bei

Uebertretungen und in den Fällen der Privatklage ausnahmsweise in der Besetzung von drei Mitgliedern. Ferner sind die Strafkammern für die Schöffengerichte auch Beschwerdeinstanz.

Die Urtheile der Strafkammern und der Schwurgerichte können nicht mit Berufung angegriffen werden, sondern nur mit Revision. Die Revision gegen die Berufungsurtheile der Strafkammern geht immer an das übergeordnete Oberlandesgericht. Die Revision gegen die Urtheile der Schwurgerichte dagegen geht immer an das Reichsgericht. Auch gegen die von den Strafkammern als Gerichten erster Instanz erlassenen Urtheile geht die Revision in der Regel an das Reichsgericht. Nur dann geht sie ausnahmsweise an das Oberlandesgericht, wenn sie ausschließlich auf die Verletzung einer landesgesetzlichen Vorschrift gestützt wird. (Durch das Reichs-Strafgesetzbuch ist nicht alles Landesstrafrecht beseitigt und ausgeschlossen.) Die Oberlandesgerichte sind für die Strafkammern auch die Beschwerdeinstanz. Gegen die Entscheidungen der Oberlandesgerichte in Strafsachen gibt es keine Beschwerde; eben so wenig gegen diejenigen des Reichsgerichtes. Durch die Gesetzgebung eines Bundesstaates, in welchem mehrere Oberlandesgerichte bestehen, können die zur Zuständigkeit der Oberlandesgerichte gehörenden Revisionen und Beschwerden in Strafsachen einem jener Oberlandesgerichte ausschließlich zugewiesen werden. (Das oberste Landesgericht, welches ein Bundesstaat anstatt des Reichsgerichtes errichten kann, hat nur mit Civilsachen zu thun.)

Erst jetzt nach dieser Uebersicht über die Gliederung und die Zuständigkeit der Gerichte kann ich die früher ausgesetzte Frage nach der Organisation der Rechtsanwaltschaft wieder aufnehmen. Sie beruht auf dem Grundsatze der sogenannten Freigebung der Rechtsanwaltschaft. D. h. Jeder, welcher zu derselben fähig ist, d. h. die Fähigkeit zum Richteramte besitzt, muß in dem Bundesstaate, in welchem er die letztere durch das Bestehen der erforderlichen Prüfung erworben hat, auf seinen Antrag von der Landesjustizverwaltung zur Rechtsanwaltschaft zugelassen werden. Eine Verweigerung der Zulassung ist nur aus bestimmten gesetzlichen Gründen statthaft, zu welchen nach ausdrücklicher Vorschrift der Rechtsanwaltsordnung eine bereits genügende Anzahl von Rechtsanwälten bei dem betreffenden Gerichte nicht gehört. In einem anderen Bundesstaate besteht ein solcher fester Anspruch auf die Zulassung nicht.

Die Zulassung erfolgt immer bei einem bestimmten Gerichte. Auswärtige Kammern für Handelssachen gelten dabei besonderen Gerichten gleich. Der bei einem Amtsgerichte zugelassene Rechtsanwalt kann auf seinen Antrag zugleich bei dem übergeordneten Landgerichte sowie bei den auswärtigen Kammern für Handelssachen des Landgerichtes zugelassen werden. Der bei einem Collegialgerichte, d. h. einem Landgerichte oder einem Oberlandesgerichte, zugelassene Rechtsanwalt ist auf seinen Antrag zugleich bei einem anderen an seinem Wohnorte befindlichen Collegialgerichte, d. h. einem Oberlandesgerichte oder Landgerichte, zuzulassen, wenn dies durch Plenarbeschluß des Oberlandesgerichtes dem Interesse der Rechtspflege für förderlich erklärt wird. Gehört das Landgericht, bei welchem ein Rechtsanwalt zugelassen ist, zum Bezirke eines gemeinschaftlichen Oberlandesgerichtes mehrerer Bundesstaaten, so kann er zugleich bei dem letzteren zugelassen werden, auch wenn es seinen Sitz an einem anderen Orte hat.

Besondere Grundsätze gelten in Ansehung der Rechtsanwaltschaft bei dem Reichsgerichte. Die Zulassung zu derselben geschieht durch das Präsidium des Reichsgerichtes und kann von demselben nach freiem Ermessen versagt werden. Sie ist mit der Zulassung bei einem anderen Gerichte unvereinbar.

Jeder Rechtsanwalt muß an dem Orte des Gerichtes, bei dem er zugelassen ist, seinen Wohnsitz nehmen. Doch kann die Landesjustizverwaltung einem bei einem Amtsgerichte zugelassenen Rechtsanwalte gestatten, seinen Wohnsitz an einem anderen Orte des Amtsgerichtsbezirkes zu nehmen. Der zugleich bei einem Amtsgerichte und einem Landgerichte zugelassene Rechtsanwalt muß seinen Wohnsitz am Orte des Amtsgerichtes, der zugleich bei einem Landgerichte und einem Oberlandesgerichte zugelassene muß ihn am Orte des Landgerichtes nehmen. Immer aber muß ein Rechtsanwalt, welcher an dem Orte eines Gerichtes, bei dem er zugelassen ist, nicht wohnt, einen dort wohnhaften ständigen Zustellungsbevollmächtigten bestellen.

Ferner muß jeder Rechtsanwalt nach seiner ersten Zulassung zur Rechtsanwaltschaft in einer öffentlichen Sitzung des Gerichtes, bei dem er zugelassen ist, auf gewissenhafte Erfüllung der Pflichten eines Rechtsanwaltes beeidigt werden.

Nach erfolgter Beeidigung und Wahl seines Wohnsitzes ist der Rechtsanwalt bei jedem Gerichte, bei dem er zugelassen ist, mit Angabe seines Wohnsitzes in die Liste der Rechtsanwälte einzutragen. Mit dieser Eintragung, die auch durch den Deutschen Reichsanzeiger bekannt gemacht wird, beginnt die Befugniß des Rechtsanwaltes zur Ausübung der Rechtsanwaltschaft.

Die Zulassung zur Rechtsanwaltschaft kann nur aus bestimmten Gründen zurückgenommen werden. Dieses muß namentlich dann geschehen, wenn der Rechtsanwalt nicht binnen drei Monaten seit empfangener Mittheilung von der Zulassung seinen Wohnsitz genommen hat, oder wenn er seinen Wohnsitz aufgibt. Ferner muß die Zulassung bei einem Gerichte, an dessen Orte der Rechtsanwalt nicht wohnt, zurückgenommen werden, wenn er die Bestellung eines dort wohnhaften Zustellungsbevollmächtigten einen Monat lang versäumt hat. Die Zurücknahme geschieht durch die Landesjustizverwaltung, bei dem Reichsgerichte durch das Präsidium, nach Anhörung des Rechtsanwaltes und des Vorstandes der Anwaltskammer.

Die Stellvertretung eines an der Ausübung seines Berufes zeitweise verhinderten Rechtsanwaltes kann nur einem Rechtsanwalt oder einem Rechtskundigen, der schon wenigstens zwei Jahre im Vorbereitungsdienste beschäftigt war, übertragen werden.

Jeder bei einem deutschen Gerichte zugelassene Rechtsanwalt ist befugt, vor jedem ordentlichen Gerichte im Deutschen Reiche Vertheidigungen zu führen, als Beistand aufzutreten und, soweit kein Anwaltszwang besteht, auch die Vertretung einer Partei zu übernehmen. Soweit Anwaltszwang besteht, können bloß die bei dem Proceßgerichte zugelassenen Rechtsanwälte die Vertretung der Parteien als Proceßbevollmächtigte übernehmen. Bei der mündlichen Verhandlung ist jedoch jeder Rechtsanwalt zur Ausführung der Parteirechte und, falls ihm der zum Proceßbevollmächtigten bestellte Rechtsanwalt die Vertretung überträgt, auch zu dieser befugt.

Eine Ausnahmestellung haben wiederum die bei dem Reichsgerichte zugelassenen Rechtsanwälte. Sie dürfen bei keinem anderen Gerichte auftreten. Auch dürfen sie als Proceßbevollmächtigte keinem bei dem Reichsgerichte nicht zugelassenen Rechtsanwalte die Vertretung übertragen.

Die Pflichten der Rechtsanwälte bestehen im Allgemeinen in gewissenhafter Ausübung ihrer Berufsthätigkeit und einem ihres Berufes würdigen Verhalten innerhalb wie außerhalb der Ausübung desselben. Insbesondere sind sie noch verpflichtet, bei Entfernung von ihrem Wohnsitz auf länger als eine Woche für ihre Stellvertretung zu sorgen und dem Gerichte Anzeige zu machen, ferner in den gesetzlich bestimmten Fällen die Vertretung einer Partei, namentlich einer im Armenrechte streitenden Partei, auf Anordnung des Proceßgerichtes zu übernehmen, endlich den im Vorbereitungsdienste bei ihnen beschäftigten Rechtskundigen Anleitung und Gelegenheit zu praktischen Arbeiten zu geben. Den Auftrag zu einer Berufsthätigkeit kann ein Rechtsanwalt zwar nach Belieben ablehnen, muß aber die Ablehnung ohne Verzug erklären bei Vermeidung der Haftung für den durch die Verzögerung erwachsenden Schaden. Er ist zur Verweigerung seiner Berufsthätigkeit verpflichtet, wenn sie für eine pflichtwidrige Handlung in Anspruch genommen wird, wenn er sie in derselben Rechtssache schon einer anderen Person im entgegengesetzten Interesse gewährt hat, endlich wenn er sie in einer streitigen Angelegenheit gewähren soll, an deren Entscheidung er als Richter theilgenommen hat.

Die Aufsicht über die Erfüllung der Pflichten jedes Rechtsanwaltes führt der Vorstand der Anwaltskammer, welcher der Rechtsanwalt angehört.

Eine Anwaltskammer befindet sich am Sitze jedes Oberlandesgerichtes und besteht aus den sämmtlichen Rechtsanwälten des Oberlandesgerichtsbezirkes. Die Anwaltskammer bei dem Reichsgerichte besteht aus den bei diesem zugelassenen Rechtsanwälten.

Jede Anwaltskammer wählt aus ihrer Mitte einen Vorstand von mindestens neun und höchstens fünfzehn Mitgliedern. Seine Hauptaufgaben sind die schon genannte Beaufsichtigung der Mitglieder der Kammer und die Handhabung der ehrengerichtlichen Strafgewalt über sie. Die letztere übt er durch ein aus seiner Mitte gebildetes Ehrengericht, welches aus dem Vorsitzenden des Vorstandes, dem stellvertretenden Vorsitzenden und drei anderen vom Vorstande gewählten Vorstandsmitgliedern besteht. Die ehrengerichtlichen Strafen bestehen in Warnung, Verweis, Geldstrafe bis zu 3000 Mark, Ausschließung von der Rechtsanwaltschaft. Geldstrafe kann mit Verweis verbunden werden.

Gegen die Urtheile des Ehrengerichtes ist die Berufung an den Ehrengerichtshof zulässig, welcher aus dem Präsidenten des Reichsgerichtes als Vorsitzendem, drei Mitgliedern des Reichsgerichtes und drei Mitgliedern der Anwaltskammer bei dem Reichsgerichte besteht.

Um von der neuen Gerichtsverfassung ein vollständiges Bild zu geben, bedarf es schließlich noch des Eingehens auf einige weitere Verhältnisse.

Zuvörderst ist es eine höchst wichtige und folgenreiche Neuerung, daß sich die Gerichtsgewalt jedes deutschen ordentlichen Gerichtes unmittelbar auf alle Personen erstreckt, die sich im Deutschen Reiche aufhalten, auch wenn sie einem anderen Staate angehören als das Gericht. Deshalb sind die Urtheile eines jeden deutschen Gerichtes ohne Weiteres in ganz Deutschland vollstreckbar. Ferner sind die Ladungen und sonstigen Gebote oder Verbote eines jeden deutschen Gerichtes ohne Weiteres auch für solche Personen verbindlich, die sich in einem anderen Bundesstaate befinden, und zwar gilt dieses insbesondere auch für die Ladungen von Zeugen und Sachverständigen. Auch bedarf es für Ladungen, Zustellungen und Vollstreckungen, welche in dem Bezirke eines anderen deutschen Gerichtes geschehen sollen, nicht, wie bisher, der

Vermittelung des letzteren; sondern innerhalb des ganzen Reichsgebietes geschehen die Ladungen oder sonstigen Zustellungen immer durch die Post oder einen unmittelbar beauftragten Gerichtsvollzieher. Nicht minder geschehen die Vollstreckungen durch einen unmittelbar beauftragten Gerichtsvollzieher, wenn sie nicht ihrer Art nach ohnehin die Vermittelung eines Gerichtes erfordern. Eine Ausnahme macht die Vollstreckung von Freiheitsstrafen, Behufs deren die Staatsanwaltschaft bei dem Landgerichte des Bezirkes, in dem sich der Verurtheilte befindet, zu ersuchen ist. Wegen Ertheilung eines Auftrages an einen Gerichtsvollzieher können Gerichte, Staatsanwaltschaften und Gerichtsschreiber die Vermittelung des Gerichtsschreibers desjenigen Amtsgerichtes in Anspruch nehmen, in dessen Bezirke der Auftrag ausgeführt werden soll.

Eine Ausnahme von der Regel besteht zu Gunsten der Landesherren und der Mitglieder der landesherrlichen Familien sowie der Mitglieder der Fürstlichen Familie Hohenzollern insofern, als in Ansehung dieser Personen die Bestimmungen der Reichs-Justizgesetze überhaupt nur soweit Anwendung finden, als nicht besondere Vorschriften der Hausverfassungen oder der Landesgesetze abweichende Bestimmungen enthalten. Doch bezieht sich dieser Vorbehalt nur auf das eigene Land, weil sich die Geltung jener Hausverfassungen und Landesgesetze nicht über dieses hinaus erstreckt. Außerhalb des eigenen Landes haben also die genannten Personen nur diejenigen Privilegien, welche ihnen die Proceßordnungen gewähren. Auch darf die Zulässigkeit des Rechtsweges gegen dieselben für vermögensrechtliche Ansprüche Dritter nicht von der Einwilligung des Landesherrn abhängig gemacht werden.

Eine weitere Ausnahme machen nach völkerrechtlichen

Grundsätzen die im Reichsgebiete befindlichen Ausländer, welche das Recht der Exterritorialität haben. Dieses Recht haben aber die Mitglieder der Gesandtschaften, ihre Familienangehörigen, ihr Geschäftspersonal und die Personen, die in ihrem Privatdienste stehen.

Gerichtliche Amtshandlungen darf ein Gericht regelmäßig nur in seinem eigenen Bezirke vornehmen. Wird in einem Processe eine Amtshandlung erforderlich, die in einem anderen Bezirke vorzunehmen ist, wie z. B. Zeugenvernehmung, Ortsbesichtigung, so muß das Proceßgericht den Amtsrichter dieses Bezirkes um Rechtshülfe ersuchen. Die deutschen Gerichte sind einander die Leistung der Rechtshülfe schuldig, und der ersuchte Amtsrichter darf daher das Ersuchen in der Regel nicht ablehnen. Das Proceßgericht selbst darf eine Amtshandlung in einem fremden Bezirke nur mit Zustimmung des Amtsgerichtes dieses Bezirkes vornehmen. Bei Gefahr im Verzuge genügt jedoch schon eine bloße Anzeige an dasselbe.

Der Reichs-Civilproceß sowohl als der Reichs-Strafproceß beruht auf dem Grundsatze der Mündlichkeit, und der Schwerpunkt des einen wie des anderen Verfahrens liegt daher in der mündlichen Verhandlung vor dem erkennenden Gerichte. Für diese Verhandlung mit Einschluß der Verkündung der Urtheile und Beschlüsse des Gerichtes gilt aber zugleich der Grundsatz der Oeffentlichkeit. In Entmündigungssachen ist jedoch im Ganzen das Verfahren nicht öffentlich. In Ehesachen muß die Oeffentlichkeit ausgeschlossen werden, wenn eine Partei es beantragt, und in jeder Sache kann sie für die ganze Verhandlung oder einen Theil derselben ausgeschlossen werden, wenn sie nach dem Ermessen des Gerichtes mit Gefahr für die öffentliche Ordnung oder für die Sittlichkeit verbunden sein würde. Ueber die Ausschließung der

Oeffentlichkeit wird in nicht öffentlicher Sitzung verhandelt; jedoch muß der Beschluß, welcher die Oeffentlichkeit ausschließt, öffentlich verkündet werden. Auch muß die Verkündung des Urtheils in jedem Fall öffentlich erfolgen.

Die Aufrechthaltung der Ordnung in der Sitzung liegt dem Vorsitzenden ob. Er kann zu diesem Behufe nach seinem Ermessen die geeigneten Anordnungen treffen. Parteien, Beschuldigte, Zeugen, Sachverständige oder bei der Verhandlung nicht betheiligte Personen, welche solchen Anordnungen nicht gehorchen, können auf Beschluß des Gerichtes aus dem Sitzungszimmer entfernt oder bis zu 24 Stunden in Haft abgeführt werden. Machen sie sich in der Sitzung einer Ungebür schuldig, so kann das Gericht, unbeschadet etwaiger strafgerichtlicher Verfolgung, eine Ordnungsstrafe bis zu 100 Mark oder bis zu drei Tagen Haft gegen sie verhängen und sofort vollstrecken lassen. Gegen einen bei der Verhandlung betheiligten Rechtsanwalt, der sich in der Sitzung einer Ungebür schuldig macht, kann das Gericht, unbeschadet etwaiger strafgerichtlicher oder ehrengerichtlicher Verfolgung, eine Ordnungsstrafe bis zu 100 Mark verhängen.

Die Gerichtssprache ist lediglich die deutsche. Sind bei einer Verhandlung Personen betheiligt, welche des Deutschen nicht mächtig sind, so muß ein Dolmetscher zugezogen werden, es wäre denn, daß die betheiligten Personen sämmtlich der fremden Sprache mächtig sind. Als Dolmetscher kann auch der Gerichtsschreiber dienen, und zwar ohne besondere Beeidigung.

Die gerichtlichen Verhandlungen ruhen während der Gerichtsferien, die am 15. Juli beginnen und am 15. September endigen. Eine Ausnahme machen die Feriensachen, zu denen namentlich alle Strafsachen, ferner Arrestsachen,

Meß- und Marktsachen und Wechselsachen gehören. Zu der Erledigung dieser Sachen können bei den Landgerichten Ferienkammern, bei den Oberlandesgerichten und dem Reichsgerichte Feriensenate gebildet werden. Auf das Mahnverfahren, das Zwangsvollstreckungsverfahren und das Concursverfahren haben die Ferien keinen Einfluß.

II.

Nachdem ich das vorige Mal die Grundzüge der neuen Gerichtsverfassung angegeben habe, will ich mich von jetzt an mit dem neuen Civilprocesse beschäftigen.

Dieses neue Verfahren wird sich von dem bisherigen gemeinrechtlichen sehr wesentlich unterscheiden, und der Uebergang von diesem zu jenem ist daher für den gemeinrechtlichen Praktiker unleugbar mit manchen Schwierigkeiten verbunden. Die hauptsächlichste Schwierigkeit wird vor allen Dingen darin bestehen, sich in den so ganz anderen Geist des neuen Processes hineinzudenken. Ist dieses aber erst geschehen, und ist die Praxis überhaupt mit dem neuen Proceßrechte vertraut geworden, so zweifle ich nicht, daß sich die nämliche Erfahrung zeigen wird, die überall gemacht worden ist, wo ein dem neuen deutschen Civilprocesse verwandtes Verfahren besteht, daß sich nämlich das neue Verfahren der allgemeinen Liebe erfreuen wird, und zwar nicht allein von Seite der Juristen, sondern und namentlich auch von Seite der nichtjuristischen Bevölkerung. Um dieses zu erklären, will ich zunächst versuchen, den neuen Reichs-Civilproceß mit dem gemeinen deutschen Processe nach einigen Hauptseiten zu vergleichen. Ich darf mich dazu vielleicht um deswillen für einigermaßen berufen halten, weil ich die beiden Arten des Verfahrens nicht bloß theoretisch, sondern auch praktisch kennen gelernt habe. Das Vorbild des neuen Civilprocesses ist der französische Proceß in der Gestalt, wie er sich durch die Praxis in den deutschen Rheinlanden gebildet hat. Meine Heimat liegt aber auf dem linken Rheinufer in einem Gebiete des rheinisch-französischen Rechtes. Ich habe dort den praktischen Vorbereitungsdienst durchgemacht und bin so mit dem rheinisch-französischen Verfahren früher als mit jedem anderen praktisch in Berührung getreten. Später habe ich mehrere Monate zu Paris auf einem Anwaltsbüreau gearbeitet und dadurch auch eine praktische Anschauung des reinen französischen Verfahrens gewonnen, welches sich von dem rheinischen sehr merklich und keineswegs zu seinem Vortheil unterscheidet. Endlich habe ich in Halle den gemeinen deutschen Civilproceß nicht bloß vierzehn Jahre lang als Lehrer vorgetragen, sondern auch in Folge der starken Beschäftigung unseres Spruchcollegiums seit nahezu siebenzehn Jahren praktisch anzuwenden gehabt. Unter diesen Umständen entgehe ich wohl dem Vorwurfe der Anmaßung, wenn ich mir über die beiden Grundformen des Verfahrens ein gewisses Urtheil zutraue. Auch wird mich schwerlich Jemand einer einseitigen Voreingenommenheit gegen den gemeinen deutschen Proceß beschuldigen können; denn Jeder pflegt unwillkürlich an Dem zu hängen, was ihm am vertrautesten ist, und womit er sich am meisten beschäftigt hat; auch bin ich weit entfernt, die guten Seiten des gemeinen Proceßrechtes zu verkennen. Allein gleichwohl bekenne ich ganz offen, daß ich, mit der Anschauung des rheinisch-französischen Verfahrens an den gemeinen Civilproceß herangehend, mich mit diesem niemals innerlich habe befreunden können, daß er mir jenem gegenüber immer als etwas Unnatürliches, Verkünsteltes und vom praktischen Standpunkte nahezu Unbegreifliches erschienen ist, während mir das rheinische Verfahren stets den Eindruck einfachster Natürlichkeit und Selbstverständlichkeit gemacht hat. Und dieser Eindruck ist keineswegs ein rein subjectiver, sondern ganz eben so urtheilen alle praktischen Juristen der rheinisch-französischen Gebiete. Als die begeistertsten Lobredner des rheinischen Verfahrens sind aber, und zwar meines Wissens ohne jede Ausnahme, namentlich diejenigen Juristen aufgetreten, welche aus Gebieten des gemeinen Proceßrechtes in eines jener rheinischen Gebiete übergesiedelt sind. Es ist daher auch nicht Willkür, sondern das Ergebniß langer und wohlerwogener Erfahrungen, daß alle umfassenden Reformen, welche seit dreißig Jahren in den größeren deutschen Staaten auf dem Gebiete des Proceßrechtes vorgenommen worden sind, sich gleich der Reichs-Civilproceßordnung an das rheinisch-französische Verfahren als Vorbild angelehnt haben.

Die Vorzüge des gemeinen Processes liegen in der That mehr auf der theoretischen als auf der praktischen Seite. Sie bestehen, abgesehen von der vortrefflichen wissenschaftlichen Bearbeitung des gemeinen Proceßrechtes, in der streng methodischen und logischen Durchbildung des Verfahrens und in einer fast an die Antike erinnernden Plastik desselben, vermöge deren fast alle inneren Vorgänge und Gedankenoperationen auch in entsprechenden äußeren Formen zu Tage treten. Für den Theoretiker ist daher die Beschäftigung mit dem gemeinen Proceßrechte ein geradezu unvergleichliches Bildungsmittel.

Je höher aber sonach von einem rein theoretischen und wissenschaftlichen Standpunkte das gemeine Proceßrecht zu stellen ist, um so ganz anders gestaltet sich die Ansicht, sobald man den praktischen Standpunkt betritt und den gemeinen

Proceß im Hinblick auf die Frage betrachtet, was denn eigentlich der Civilproceß im Leben leisten soll. Die Antwort auf diese Frage wird vernünftigerweise niemals eine andere sein können, als daß das wirkliche, materielle Recht auf möglichst einfachem und geradem Wege und in thunlichst kurzer Zeit zur Geltung gebracht werden soll. Nach allen diesen Richtungen gewährt aber der gemeine Proceß gerade wegen seines ausgebildeten Formalismus keinerlei genügende Garantieen.

Was zuvörderst die Zeitdauer anlangt, so ist der gemeine Proceß wegen seiner Langwierigkeit und Endlosigkeit von jeher berüchtigt, und mir selbst ist mehr als Eine Sache durch die Hände gegangen, in welcher vom Beweiserkenntnisse bis zur Rechtskraft des Pro- und Reproductionsbescheides, eines Proceßstückes, beiläufig gesagt, dessen praktischen Nutzen ich niemals habe einsehen können, 5—6 Jahre verstrichen waren, während man in meiner Heimat, der Rheinpfalz, gewöhnt ist, jeden Proceß durch alle Instanzen im Durchschnitt in etwa 3/4 Jahren zu Ende gebracht zu sehen, wozu allerdings manche besondere günstige Umstände beitragen.

Aber die Gründlichkeit, wird man vielleicht einwenden, — die Gründlichkeit kann doch bei einem solchen Verfahren nicht gesichert sein. Stellt man einem rheinischen Praktiker diese Frage, so pflegt er zu lächeln, und dann gibt er die Antwort, daß man die Gründlichkeit nicht mit Weitschweifigkeit verwechseln dürfe, und daß die echte Gründlichkeit, d. h. die erschöpfende Ermittelung des Sachverhaltes nach allen seinen erheblichen Seiten, im rheinischen Verfahren ungleich mehr als im gemeinen Processe gewahrt sei. Und mich dünkt, er hat nicht so ganz Unrecht. Der Richter ist in Ansehung der thatsächlichen Grundlagen des Processes auf die Erklärungen der Parteien angewiesen. Zur richtigen und gründlichen Ermittelung des Sachverhaltes ist daher vor Allem erforderlich, daß der Richter über den Sinn dieser Erklärungen nicht im Zweifel sei. Gerade nach dieser Seite befindet sich aber im gemeinrechtlichen Verfahren der Richter nicht selten in der mißlichsten Lage, und jeder Praktiker wird mir ohne Weiteres zugeben, daß bei der Schriftlichkeit des gemeinen Processes nichts häufiger und alltäglicher ist, als absichtliche oder unabsichtliche Zweideutigkeit des Ausdruckes, gewundene und auf Schrauben gestellte Erklärungen; ja oft genug kommt es vor, daß der Beklagte eine Thatsache in der Einlassung einfach leugnet und dann die nämliche Thatsache doch wieder zur Begründung einer Einrede benutzt. Zur formalen Ueberwindung dieser Schwierigkeiten hat nun freilich der gemeine Proceß auch wieder seine bestimmten, allerdings mehr oder weniger bestrittenen Regeln; nur gewinnt dabei die Gründlichkeit nichts, und noch weniger geben jene Regeln, weil sie eben rein formaler Natur sind, für die sichere Ermittelung der Wahrheit irgend eine Gewähr. Jedenfalls aber ist es doch gewiß im Interesse der Gründlichkeit und des materiellen Rechtes sehr viel besser, wenn jene Schwierigkeiten von vornherein gar nicht vorkommen können, und dieses wird nun im rheinisch-französischen Verfahren und nach dem neuen Reichs-Civilprocesse in einer Weise erreicht, die gar nichts zu wünschen übrig läßt. Nachdem durch kurze Schriftsätze die Anwälte der Parteien und das Gericht über den Stand der Sache und des Streites orientirt sind, haben jene in öffentlicher Sitzung dem Gerichte die Sache mündlich vorzutragen. In der freien mündlichen Rede ist es nun nicht bloß an sich schon sehr viel schwerer, sich in zweideutiger und gewundener Weise auszudrücken als auf dem Papier, sondern, wenn dennoch eine Zweideutigkeit unterlaufen sollte, so würde sofort das Gericht von seinem Fragerechte Gebrauch machen und dadurch die nöthige Aufklärung in einfachster und wirksamster Weise herbeiführen. Nichts ist überhaupt im rheinischen Verfahren gewöhnlicher und häufiger als die Ausübung des richterlichen Fragerechtes, und gerade dieses gibt dem mündlichen Verfahren für die Richter wie für das Publicum einen höchst anziehenden Reiz und gestaltet es zu einem lebendigen und gewissermaßen dramatischen Zusammenwirken zwischen Gericht und Anwälten. Sollte aber einer der letzteren einer richterlichen Frage gegenüber sich auf mangelnde Information berufen, so kann das Gericht das persönliche Erscheinen der Partei anordnen, um selbst über den Umstand Auskunft zu geben. Sehr häufig sind die Parteien ohnehin in der Sitzung zugegen, um ihren Anwalt zu controliren und sich überhaupt persönlich von dem Verlaufe der Sache zu überzeugen, und dann kann sie das Gericht ohne Weiteres zu allen Aufklärungen, die ihm angemessen erscheinen, veranlassen. Durch diese einfachen und unmittelbar natürlichen Hülfsmittel wird es namentlich auch erreicht, daß die im gemeinen Processe so gewöhnliche Abweisung der Klage wegen mangelnder Substantiirung nahezu unmöglich ist. Im gemeinen Processe besteht freilich theoretisch auch ein richterliches Fragerecht, aber mir ist kein Fall bekannt, in welchem ein Gericht davon praktischen Gebrauch gemacht hätte, und in der That bietet die Gestaltung des Verfahrens gar keine Gelegenheit dazu. So scheitert oft das beste Recht einer Partei an einer Klippe, die durch die einfachste Frage hätte aus dem Wege geräumt werden können.

Dazu kommt noch, daß in einem schriftlichen Verfahren, wenn nicht die Processe endlos werden sollen, die Festhaltung der Eventualmaxime als eine unbedingte Nothwendigkeit erscheint. Die Eventualmaxime hat aber ihrem Begriffe nach einen rein formalen Charakter und schließt für die Verwirklichung des materiellen Rechtes immer eine nicht geringe Gefahr in sich. Ein mündliches Verfahren, welches sich überdies fortwährend in dem hellen Lichte der Oeffentlichkeit bewegt, kann ohne besonderen Schaden auch dieses Mittels entbehren und die Gefahr von Ausschreitungen, so weit sie noch besteht, durch minder bedenkliche Mittel, wie z. B. Auflegung der Kosten bei grundlos verspäteter Vorbringung eines Rechtsbehelfes, zu beseitigen suchen.

Wenn ich jetzt die Frage aufwerfe, auf welcher Seite in Wahrheit die größere Gründlichkeit liegt, so wird, wie ich hoffe, für jeden unbefangenen Sinn die Entscheidung ohne Weiteres zu Gunsten des neuen Verfahrens ausschlagen.

Noch ungleich kräftiger aber schlägt die Wage nach dieser Seite aus, wenn man das Beweisverfahren vergleicht. Ich wenigstens kann nicht leugnen, daß mir das Beweisverfahren, namentlich das Zeugenbeweisverfahren, des gemeinen Processes mit seinem wunderlichen gravitätischen Schneckengang und seinen unendlichen und unbegreiflichen Förmlichkeiten immer als etwas nahezu Antediluvianisches erschienen ist, als ein seltsamer und für das wissenschaftliche Auge eigenthümlich interessanter Rest längst vergangener Zeiten, der in unser modernes und hastiges Jahrhundert der Eisenbahnen und Telegraphen in höchst fremdartiger Weise hineinragt. Da sind zuvörderst die nicht selten nach Hunderten zählenden Beweisartikel nebst den entsprechenden Fragestücken, beides mit sehr viel Aufwand von Zeit, Mühe und Kosten verbunden, und doch beides nach meiner Erfahrung völlig unnütz, ja für die sachgemäße Abhörung der Zeugen geradezu hinderlich. Wenn die ganze Einrichtung überhaupt einen sachlichen Zweck verfolgt, so kann es nur der sein, die Thätigkeit des Richters bei der Zeugenvernehmung zu einer möglichst mechanischen zu machen. Es mag hier dahingestellt bleiben, ob es für eine Proceßordnung ein erstrebenswerthes Ziel sein kann, dem Richter das Denken zu ersparen; denn jedenfalls wird sogar nach dieser Seite die Aufgabe des Richters durch jene Einrichtung nicht erleichtert. Im Gegentheil erwächst nun in Folge derselben für ihn die schwierige und überaus mühselige Aufgabe, nach juristischen Regeln über die Zulässigkeit oder Unzulässigkeit der einzelnen Beweisartikel und Fragestücke durch das Pro- und Reproductionserkenntniß zu entscheiden. Ich habe vor keiner Arbeit jemals eine solche Scheu gehabt, als vor der Abfassung derartiger Erkenntnisse; auch habe ich bei einer irgend größeren Anzahl von Beweisartikeln und Fragestücken niemals gefunden, daß auch nur zwei Instanzen über die zu verwerfenden Artikel und Fragestücke einig gewesen wären. Und dabei hat man noch fortwährend das Gefühl der gänzlichen Ueberflüssigkeit seiner Arbeit; denn zunächst kann man ja gar nicht wissen, wie die Zeugen zu den einzelnen Artikeln und Fragestücken aussagen, und bei der Abfassung des Endurtheils wäre ja immer noch Gelegenheit genug, sich über die Erheblichkeit oder Nichterheblichkeit dieser Aussagen schlüssig zu machen. Ist nun das Pro- und Reproductionserkenntniß, häufig erst nach mehreren Jahren, in Rechtskraft erwachsen, und ist sodann die Vernehmung der Zeugen erfolgt, so schreitet der Gerichtsschreiber zur Anfertigung des Zeugenrotulus. Allerdings paßt diese Einrichtung zu den Beweisartikeln und Fragestücken; allein für den Richter, der sich nicht dabei beruhigt, sein Endurtheil nach ganz mechanischen Regeln zu fällen, ist sie lediglich eine Erschwerung, und ich bin mehr als Einmal in der Lage gewesen, weil die Zeugenvernehmungsprotokolle unglücklicher Weise als überflüssig angesehen und den Acten nicht beigefügt waren, einen Zeugenrotulus mühsam wieder in seine Elemente zu zerlegen, um mir nur von dem Sinn der Zeugenaussagen ein klares Bild machen zu können. Was soll ich nun noch von den sogenannten Disputirsätzen, der Impugnations- und Salvationsschrift sagen, in der Regel höchst umfänglichen, aber nach meiner Erfahrung ganz und gar nutzlosen Schriften, die denn auch neuerdings mit Recht schon vielfach abgeschafft worden waren.

Um das Maß des praktisch Widersinnigen voll zu machen, muß schließlich der Richter auch den Werth der Zeugenaussagen nach rein formalen und mechanischen Regeln abschätzen und gelangt so zu einem vollen, halben, mehr als halben oder weniger als halben Beweis, gleich als ob es möglich wäre, den Werth von Größen wie Zeugenaussagen, der doch je nach Verschiedenheit der Umstände so unendlich verschieden ist, in mathematischer Weise und durch arithmetische Rechnung festzustellen.

Wenn sich Einrichtungen, wie die angedeuteten, so lange erhalten haben, so läßt sich dies, scheint mir, nur aus der Macht der Gewohnheit und daraus erklären, daß man etwas Besseres eben nicht kannte und daher keinen Maßstab zur Vergleichung hatte.

Nun vergleiche man aber einmal mit unbefangenem Blicke die Grundsätze der neuen Civilproceßordnung! Zuvörderst gilt, abgesehen von wenigen, durch das praktische Bedürfniß geforderten festen Beweisregeln, anstatt der starren formalen Beweistheorie des gemeinen Processes der Grundsatz der freien Beweiswürdigung, d. h. das Gericht hat nach freier Ueberzeugung zu entscheiden, ob eine bestrittene Thatsache für wahr oder für nicht wahr zu halten sei. Auch bedarf es dazu durchaus nicht nothwendig einer vorgängigen Beweisaufnahme, sondern das Gericht kann seine Ueberzeugung aus dem gesammten Inhalte der Verhandlungen schöpfen. Kurz das Gericht bildet sich seine Ueberzeugung ganz in derselben Weise und nach den nämlichen Regeln der Logik und der Erfahrung, nach denen wir unsere Ueberzeugungen sonst im Leben und in der Wissenschaft bilden. Ist die Ueberzeugung keine vollständige, so kann es zur Ergänzung derselben in jeder Lage der Sache, in welcher ihm dies angemessen erscheint, einer der Parteien einen Eid auferlegen. Damit aber die freie Beweiswürdigung nicht in Willkür und Uebereilung ausarte, muß das Gericht die Gründe seiner Ueberzeugung im Urtheil angeben, sich also vor allen Dingen selbst von denselben bestimmte Rechenschaft geben. Darin liegt alle Garantie, die man hier vernünftigerweise verlangen kann. Eine weitere Voraussetzung ist freilich, daß die Richter verständige, erfahrene und unparteiische Männer seien, aber diese Voraussetzung läßt sich überhaupt in keinem Proceßsystem entbehren, und am wenigsten in demjenigen des gemeinen deutschen Processes mit seinen vielfachen verwickelten Einrichtungen.

Ganz besonders frei ist die Stellung des Gerichtes bei streitigen Ansprüchen auf Schadensersatz. Die erfolgreiche Durchführung einer Schadensersatzklage ist bekanntlich nach dem gemeinen Proceßrecht eine der mißlichsten Aufgaben, weil es nach der Beweistheorie desselben in vielen Fällen nicht gelingt, die Existenz eines zu ersetzenden Schadens oder den Betrag desselben ausreichend zu beweisen. Nach der

Civilproceßordnung, welche auch hier dem rheinisch-französischen Vorbilde folgt, hat das Gericht über beide Fragen nach freier Ueberzeugung und unter Würdigung aller Umstände zu entscheiden. Dabei hängt es auch lediglich von seinem Ermessen ab. ob und wieweit es eine beantragte Beweisaufnahme oder eine Begutachtung durch Sachverständige anordnen will. Ferner kann es dem Beweisführer eine eidliche Schätzung seines Schadens aufgeben, muß dann aber allemal einen Betrag bestimmen, über welchen die eidliche Schätzung nicht hinausgehen darf. Die durch diese Grundsätze gesicherte Möglichkeit, über Schadensansprüche in einer den Anforderungen der materiellen Gerechtigkeit entsprechenden Weise zu erkennen, ist freilich, wie alles, was wirksam soll gebraucht werden können, auch der Gefahr des Mißbrauches ausgesetzt, und in der That sind in Frankreich Urtheile vorgekommen, mit denen sich der deutsche Sinn schwer befreunden kann. Aber die beste Garantie liegt auch hier wieder in Dem, worauf ja überhaupt im Grunde unser ganzer Rechtszustand beruht, in dem Vertrauen, welches man zu der bewährten Gewissenhaftigkeit und Einsicht unserer deutschen Richter und Gerichte haben darf. Auch sind mir aus den deutschen Rheinlanden, überhaupt soweit jene Grundsätze in Deutschland gelten, unbillige und dem Rechtsgefühl widerstreitende Entscheidungen nicht bekannt geworden.

Der Einfachheit und Natürlichkeit der Beweistheorie entspricht die Einfachheit und sachgemäße Gestaltung des Beweisverfahrens. Die Beweisantretung muß bei Gelegenheit der mündlichen Verhandlung der Sache in Verbindung mit den thatsächlichen Behauptungen geschehen. Auch über die Beweiseinreden wird im Zusammenhange mit der Verhandlung der Sache selbst verhandelt. Die Beweisaufnahme kann sich unmittelbar und ohne besonderes Verfahren an diese Verhandlungen anschließen. Auch muß sie in der Regel vor dem Proceßgerichte selbst geschehen, so daß dieses namentlich den unmittelbaren, lebendigen Eindruck von der Persönlichkeit der Zeugen und ihren Aussagen erhält, worauf es zur Beurtheilung des Beweiswerthes derselben so wesentlich ankommt. Nur in ganz besonderen, gesetzlich bestimmten Fällen, in denen die Beweisaufnahme vor dem Proceßgerichte verständiger Weise nicht ausführbar ist, darf dieselbe ausnahmsweise einem beauftragten oder ersuchten Richter übertragen werden. Die Parteien dürfen aber in jedem Fall bei der Beweisaufnahme gegenwärtig sein. Was insbesondere die Beweisführung durch Zeugen anlangt, so müssen jedem Zeugen bei seiner Ladung die Thatsachen angegeben werden, worüber seine Vernehmung erfolgen soll. Bei der Vernehmung selbst soll er zuvörderst Dasjenige, was ihm von diesen Thatsachen bekannt ist, im Zusammenhange angeben. Zur Aufklärung oder Vervollständigung der Aussage sowie zur Ermittelung des Grundes der Wissenschaft des Zeugen sind dann nöthigenfalls von Gerichtswegen weitere Fragen zu stellen. Auch die Parteien dürfen dem Zeugen Fragen vorlegen lassen, die sie zur Aufklärung der Sache oder der Verhältnisse des Zeugen für dienlich halten. Der Gerichtsvorsitzende kann ihnen sogar unmittelbare Fragen an den Zeugen gestatten, und ihren Anwälten muß er sie auf Verlangen gestatten. Bei erhobenem Zweifel über die Zulässigkeit einer Frage entscheidet das Gericht. Endlich können Zeugen, zwischen deren Aussagen ein Widerspruch besteht, einander gegenübergestellt werden. Ob in diesen einfachen und naturgemäßen Regeln nicht ein ausreichender Ersatz für die Beweisartikel, Fragestücke, den Productionsbescheid und den Zeugenrotulus zu erblicken sei, diese Frage braucht wohl nicht im Ernste aufgeworfen zu werden. An die Beweisaufnahme schließt sich endlich die mündliche Verhandlung wieder an, hauptsächlich um anstatt der hölzernen Disputirsätze in lebendiger Rede über das Ergebniß der Beweisaufnahme zu verhandeln.

Bei der abwägenden Vergleichung des schriftlichen gemeinen Processes und des mündlichen neuen Reichsprocesses darf schließlich ein Umstand nicht übergangen werden, auf welchen die rheinischen Juristen als auf eines der wichtigsten zu Gunsten des mündlichen Verfahrens sprechenden Momente ganz besonderes Gewicht legen. Bei dem schriftlichen Verfahren, sagen sie, ist es nur Ein Gerichtsmitglied, der Referent, welches die Acten studirt und daher die Anführungen der Parteien vollständig kennen lernt; die übrigen erfahren den Acteninhalt bloß durch seine Relation. Da diese nur das Wesentliche hervorheben soll und daher alles, was dem Referenten als unwesentlich erscheint, übergeht oder doch nur ganz flüchtig berührt, so ist dabei gar keine Garantie gegeben, daß die anderen Gerichtsmitglieder alles, was ihnen vielleicht als erheblich erscheinen würde, erfahren. Zudem kommt noch in Betracht, daß eine solche Relation ihrer Natur nach als ganz objectiver, unparteiischer Bericht etwas Kaltes, Einförmiges und Farbloses hat und nothwendig haben muß, so daß die Aufmerksamkeit wenig gespannt wird und daher einem der Zuhörer schon aus zeitweiser, unwillkürlicher Unachtsamkeit ein oder der andere Punkt entgehen kann. Es ist also in den meisten Fällen der Referent, der im Grunde allein das Urtheil macht.

Dieser Schilderung des rheinischen Juristen wird man in der That eine gewisse Richtigkeit nicht absprechen können; denn Jeder, der einem bloß auf Grund von Acten urtheilenden Collegium angehört hat, wird dergleichen Erfahrungen gemacht haben.

Ganz anders, so fährt nun unser Gewährsmann fort, bei unserem mündlichen Verfahren. Hier erfahren alle Gerichtsmitglieder gleichermaßen alles, was die Parteien vorbringen, und zwar erfahren sie es unmittelbar durch die Parteien in einer dramatischen, lebendigen und die Aufmerksamkeit fesselnden Art, so daß die Gefahr, durch Unachtsamkeit etwas zu überhören, gänzlich wegfällt. Jedes Gerichtsmitglied ist daher in der Lage, sich selbst ein Bild von der juristischen Sachlage zu machen und auf diejenigen Punkte zu achten, die ihm wesentlich erscheinen. Ueberdies kann es sich durch Fragen an die Parteien jede erforderliche weitere Aufklärung verschaffen. Bei diesem System wird demnach das Collegialprincip erst zu einer Wahrheit; jedes Mitglied tritt mit selbständigem frischem Eindrucke von der Sache in die Berathung ein und wird die übrigen auf alles aufmerksam machen, was ihm als erheblich vorkommt. So erscheint also hier erst das Urtheil wahrhaft als ein Ergebniß wirklichen lebendigen Zusammenwirkens sämmtlicher Mitglieder des Collegiums, und auch darum muß sich selbst nach dem Gesichtspunkte der Gründlichkeit die Wagschale zu Gunsten des mündlichen Verfahrens neigen. —

Ich habe bei den bisherigen Ausführungen keinesweges nur den Zweck verfolgt, den Uebergang von dem gemeinen Processe zu dem neuen Reichsprocesse in sachlicher Hinsicht als einen Fortschritt zu erweisen, sondern ich wollte auch, und zwar hauptsächlich, durch die Gegenüberstellung gewisser Hauptzüge der beiden Arten des Verfahrens den verschiedenen Geist beider Systeme einigermaßen anschaulich machen. Dort reine Schriftlichkeit mit der Eventualmaxime und strenger methodischer Gliederung; hier umgekehrt reine Mündlichkeit mit der Möglichkeit freiester, nach den jeweiligen Umständen sich bemessender Bewegung. Dort überlebte seltsame Formen und daher Schwierigkeit der Handhabung, Schwerfälligkeit und Langsamkeit, dabei aber doch keine genügende Gewähr für echte Gründlichkeit; hier Leichtigkeit, Raschheit, möglichste Formlosigkeit und Natürlichkeit, und dennoch alle Garantieen einer wahrhaft gründlichen Behandlung. Dort nirgends eine ausreichende Sicherheit für den Sieg des wirklichen materiellen Rechtes; hier alles auf diesen Sieg angelegt und berechnet.

Bei solchen Eigenschaften kann es denn auch nicht Wunder nehmen, daß der gemeine Proceß niemals volksthümlich geworden, sondern den Nichtjuristen stets unverständlich und ein Gegenstand der Abneigung gewesen ist. Dagegen wird sich das neue Verfahren sicher in kurzer Zeit vollkommen einleben und dem Volke wie den Juristen als eine der segensreichsten und werthvollsten Folgen der Errichtung des neuen Deutschen Reiches erscheinen. Freilich verlangt es, wenn es seine gedeihliche Wirksamkeit vollkommen entfalten soll, tüchtige Kräfte; namentlich stellt es an die Vorsitzenden der Collegialgerichte hohe Anforderungen. Aber diese Vorbedingungen sind ja nicht unerfüllbar, wenn der Staat durch die geeignete Regelung des juristischen Prüfungswesens und des Vorbereitungsdienstes für die gehörige Ausbildung der Richter und Rechtsanwälte sorgt und bei der Ernennung der Gerichtsvorsitzenden mit der gehörigen Auswahl verfährt.

Ich will nun die hauptsächlichsten Grundzüge des neuen Verfahrens, soweit sie den allgemeinen Charakter desselben bestimmen, in Kürze angeben.

Das neue Verfahren beruht auf folgender einfacher, auch

von den Motiven ausdrücklich hervorgehobener Grundregel, welche überall gilt, wo eine richterliche Entscheidung durch eine vorgängige mündliche Verhandlung bedingt ist:

> Die Partei, welche die Entscheidung herbeiführen will, muß die Gegenpartei in eine vom Gerichtsvorsitzenden bestimmte Gerichtssitzung laden durch Zustellung eines Schriftsatzes, worin sie den Antrag, den sie in der Sitzung stellen will, und die Gründe desselben angibt. Die Gegenpartei muß ihr vor dem Termin, ebenfalls durch Zustellung eines Schriftsatzes, mittheilen, was sie gegen den Antrag vorbringen will. In dem Termin stellen die Parteien ihre Anträge und verhandeln zur Sache.

Eine Ausnahme von dieser Regel macht das Verfahren vor den Amtsgerichten im Zusammenhange damit, daß hier auch der Anwaltszwang wegfällt. Vorbereitende Schriftsätze sind nämlich hier nicht vorgeschrieben, und die Gegenpartei kann auf einen ordentlichen Gerichtstag geladen werden, ohne daß eine Terminsbestimmung durch den Amtsrichter vorausgegangen ist.

Die Unterscheidung eines ordentlichen und eines summarischen Verfahrens findet sich in der Civilproceßordnung nicht, vielmehr ist durch die Regeln über Fristabkürzung das ordentliche Verfahren selbst so elastisch construirt, daß es jede in besonderen Fällen erforderliche Beschleunigung gestattet. Wohl aber schreibt das Gesetzbuch neben dem ordentlichen Verfahren für gewisse besondere Fälle ein besonderes Verfahren vor. Dahin gehört das vorbereitende Verfahren in Rechnungssachen, Auseinandersetzungen und ähnlichen Processen, der Urkunden- und Wechselproceß (entsprechend dem Executivprocesse des gemeinen

Proceßrechtes), das Mahnverfahren (entsprechend dem bedingten Mandatsprocesse), das Verfahren in Ehesachen und in Entmündigungssachen, endlich der Arrestproceß.

In dem ordentlichen Verfahren ist, wie schon angedeutet, die Vorbereitung der mündlichen Verhandlung und die letztere selbst zu unterscheiden.

Die Vorbereitung der mündlichen Verhandlung geschieht durch Schriftsätze, welche den Gegner wie das Gericht von dem Stande der Sache so weit unterrichten sollen, als dies erforderlich ist, um einen raschen und geordneten Verlauf der mündlichen Verhandlung und eine sachgemäße Leitung derselben möglich zu machen. Insbesondere sollen sie angeben die Anträge, welche die Partei zu stellen beabsichtigt, die Thatsachen, die sie zur Begründung derselben anführen will, und die Beweismittel, deren sie sich bedienen will, sowie die Erklärungen über die thatsächlichen Behauptungen und Beweismittel des Gegners: dieses alles aber in thunlichster Kürze und Knappheit und nur so weit, als es eben zur vorläufigen Orientirung der Gegenpartei und des Gerichtes erforderlich ist. Eine Urkunde, auf welche eine Partei in einem vorbereitenden Schriftsatze Bezug genommen und die sie in Händen hat, ist dem Schriftsatze in Abschrift beizufügen. Auf Verlangen des Gegners ist ihm vor der mündlichen Verhandlung auch die Einsicht der Urschrift zu gestatten, was zwischen Rechtsanwälten von Hand zu Hand gegen Empfangschein geschehen kann. Kurz die Parteien sollen einander vor der Verhandlung von allem Kenntniß geben, was bei der Sache in Betracht kommt, damit die Verhandlung selbst nicht durch mangelnde Information Hemmungen oder Störungen erfahre. Immerhin bilden aber die vorbereitenden Schriftsätze nicht ein wirkliches Stück des eigentlichen Proceßverfahrens im strengen Sinn, und darin liegt ihr sehr wesentlicher Unterschied von den Schriftsätzen, welche die Parteien jetzt im gemeinen Processe wechseln. Darum zieht die Unterlassung der Zustellung eines vorbereitenden Schriftsatzes oder eine Unvollständigkeit desselben auch keine Rechtsnachtheile in Ansehung der Sache selbst nach sich, sondern nur die Auferlegung der Kosten der Proceßverzögerung, welche daraus entstehen kann, sowie (nach §. 48 des Gerichtskostengesetzes) unter Umständen außerdem zur Strafe die Auferlegnng einer besonderen Verhandlungsgebür. Auch darf Das, was bloß in den vorbereitenden Schriftsätzen steht und nicht auch bei der Verhandlung mündlich vorgetragen worden ist, bei der Entscheidung nicht berücksichtigt werden. Umgekehrt muß alles berücksichtigt werden, was bei der mündlichen Verhandlung vorgetragen worden ist, auch wenn es nicht in den vorbereitenden Schriftsätzen steht. Doch haben gewisse Schriftsätze neben ihrem vorbereitenden Charakter auch, wie die Motive sagen, noch einen bestimmenden, d. h. an ihre Zustellung knüpfen sich sofort bestimmte Rechtswirkungen. So wird durch die Zustellung der Klageschrift die Rechtshängigkeit der Streitsache mit ihren civilrechtlichen und processualischen Folgen herbeigeführt, durch die Zustellung der Berufungs- oder Revisionsschrift der Eintritt der Rechtskraft des angefochtenen Erkenntnisses verhütet u. dgl. Zur Erzeugung dieser Rechtswirkungen bedarf dann allerdings der Schriftsatz gewisser wesentlicher Bestandtheile; auch ist die Partei an diesen wesentlichen Inhalt bis zu einem gewissen Grade gebunden, wie denn namentlich der Kläger nach der Zustellung der Klage und dem dadurch bewirkten Eintritte der Rechtshängigkeit ohne Zustimmung des Beklagten die Klage nicht ändern darf. Man muß also bei solchen Schriftsätzen ihre doppelte Natur und Bedeutung wohl unterscheiden.

Der Wechsel der vorbereitenden Schriftsätze geschieht aber nicht, wie der Wechsel der Schriftsätze im gemeinen Processe, durch Vermittelung des Gerichtes, sondern er geschieht, nach dem Grundsatze des unmittelbaren Proceßbetriebes durch die Parteien, unmittelbar zwischen den letzteren. Hat jede Partei einen Anwalt, so kann die Zustellung der Schriftsätze sogar unmittelbar von Anwalt zu Anwalt gegen einfache Empfangsbescheinigung geschehen. Außerdem geschieht sie nach Wahl des Zustellenden entweder durch einen unmittelbar beauftragten Gerichtsvollzieher oder durch die Post. Im letzten Fall muß aber, um die erfolgte Uebergabe an die Post und die Zeit, wann sie erfolgt ist, zu constatiren, das Schriftstück, welches behändigt werden soll, der Post wiederum durch einen Gerichtsvollzieher übergeben werden.

Im amtsgerichtlichen Verfahren, dem wegen des Wegfalls des Anwaltszwanges sogenannten Parteiprocesse, können die Zustellungen auch durch Vermittelung des Gerichtsschreibers geschehen, und dieses gilt als der Wille der Partei, wenn sie nicht ausdrücklich das Gegentheil erklärt hat. Der Gerichtsschreiber kann dann nach bestem Ermessen entweder einen Gerichtsvollzieher mit der Zustellung beauftragen oder diese durch die Post vornehmen lassen, die er entweder unmittelbar oder wiederum durch Vermittelung eines Gerichtsvollziehers angehen kann.

Der ganze Gang der Sache ist im Allgemeinen dieser: Diejenige Partei, welche eine mündliche Verhandlung herbeiführen will, sei es der Kläger oder der Beklagte, muß die Gegenpartei sowie die etwaigen übrigen Betheiligten, Streitgenossen, Intervenienten u. s. w., zu dem Termine laden.

Im Anwaltsprocesse, d. h. dem jedesmal mit Anwaltszwang verbundenen Verfahren vor einem Landgerichte oder einem höheren Gerichte, muß die Ladung zur mündlichen Verhandlung, wenn die Gegenpartei keinen Anwalt hat und daher die Zustellung an jene selbst erfolgt, auch die Aufforderung zur Bestellung eines bei dem Proceßgerichte zugelassenen Anwaltes enthalten. Der Verhandlungstermin wird vom Gerichtsvorsitzenden bestimmt. Zu diesem Zwecke muß die Ladung vor der Zustellung bei dem Gerichtsschreiber eingereicht werden, welcher dafür zu sorgen hat, daß die Terminsbestimmung innerhalb 24 Stunden erfolgt. Nunmehr ist es Sache der Partei selbst, die Zustellung in der angegebenen Art bewirken zu lassen. Ist ein Verhandlungstermin in einer verkündeten richterlichen Entscheidung bestimmt, so ist jedoch eine Ladung zu demselben nicht erforderlich. So z. B. zu einem Termin, der in der Gerichtssitzung für die Fortsetzung der Verhandlung bestimmt wird. Ist der Termin von Amtswegen in einer nicht verkündeten Entscheidung bestimmt, wie z. B. der Termin zur Fortsetzung der Verhandlung nach Beendigung der Beweisaufnahme, so werden die Parteien zu demselben von Amtswegen geladen. Solche Ladungen, wie überhaupt alle Zustellungen, die von Amtswegen geschehen, hat der Gerichtsschreiber zu besorgen durch einen Gerichtsvollzieher oder durch die Post.

Innerhalb der mündlichen Verhandlung selbst lassen sich drei Hauptabschnitte unterscheiden, von denen jeder durch ein Urtheil abgeschlossen wird: das Vorverfahren, d. h. die Verhandlung über die Frage, ob der Beklagte gehalten sei, sich auf die eigentliche Verhandlung des Rechtsstreites einzulassen, oder mit anderen Worten die Verhandlung über die proceßhindernden Einreden, das Hauptverfahren oder die Verhandlung zur Hauptsache, d. h. die eigentliche Verhandlung des Rechtsstreites selbst, endlich das Nachverfahren, d. h. das Verfahren zur Erledigung eines durch Eidesleistung bedingten Endurtheils. Doch kommen natürlich nicht in jedem Processe alle diese Abschnitte vor; auch sind sie keineswegs immer in so scharfer Weise von einander gesondert.

Das Hauptverfahren kann selbst wieder in mehrere Abschnitte zerfallen, über die selbständig durch Urtheile entschieden wird. Als ein solcher Abschnitt erscheint namentlich jeder Zwischenstreit über einen einzelnen besonderen Streitpunkt, sei es zwischen den Parteien selbst (z. B. über die Vorlegung einer Urkunde), sei es zwischen einer Partei und einem Dritten (z. B. über die Zulässigkeit einer Nebenintervention). Außerdem aber kann das Gericht auf Antrag oder auch von Amtswegen die Verhandlung nach seinem Ermessen aus Rücksichten der Zweckmäßigkeit und Uebersichtlichkeit in Abschnitte zerlegen, um über einzelne dazu geeignete Fragen, wie z. B. über eine Einrede oder Replik, durch ein für die Instanz maßgebendes Zwischenurtheil zu entscheiden. Eine solche Trennungsbefugniß ist im mündlichen Verfahren unerläßlich, um bei weitschichtigem Proceßstoffe die Uebersichtlichkeit nicht zu verlieren. Auch werden dadurch die Bedenken, die man an die Beseitigung der Eventualmaxime knüpfen könnte, schon sehr erheblich abgeschwächt.

Ueberhaupt hat das Gericht in Ansehung der mündlichen Verhandlung ein sehr freies und weitgehendes Proceßleitungsamt. Es kann nicht bloß in der angegebenen Weise eine abgesonderte Verhandlung über einzelne selbständige Angriffs- und Vertheidigungsmittel anordnen, sondern es kann auch mehrere in einer Klage erhobene Ansprüche zur

Verhandlung in getrennten Processen von einander sondern. Umgekehrt kann es mehrere bei ihm anhängige Processe der nämlichen oder auch verschiedener Parteien zu gemeinsamer Verhandlung und Entscheidung verbinden. Auch kann es bis zur Beendigung eines anderen Rechtsstreites oder sonstigen Verfahrens, z. B. Strafprocesses oder Administrativverfahrens, von dessen Ausgange die Entscheidung ganz oder zum Theil abhängt, die Aussetzung der Verhandlung anordnen. Natürlich kann es auch eine von ihm angeordnete Trennung, Verbindung oder Aussetzung wieder aufheben; nicht minder nach Bedürfniß die Wiedereröffnung einer bereits geschlossenen Verhandlung anordnen. Von dem freien und weitgehenden Fragerechte des Gerichtes und von seiner Befugniß, das persönliche Erscheinen einer Partei zur Aufklärung des Sachverhaltes anzuordnen, ist schon früher die Rede gewesen.

Nur in der Weise darf das Hauptverfahren niemals in Abschnitte zerlegt werden, daß, wie im gemeinen Processe, ein erster Abschnitt für die Behauptungen der Parteien, ein zweiter auf Grund eines bindenden Beweisurtheils für den Beweis bestrittener Behauptungen bestimmt wäre. Ein Beweiserkenntniß ist überhaupt der Civilproceßordnung unbekannt, sondern es gilt der Grundsatz der Beweisverbindung, d. h. die Parteien müssen bei der mündlichen Verhandlung ihre Beweisantretungen in Verbindung mit ihren Behauptungen vornehmen. Wo es zur Beweisaufnahme keines besonderen Verfahrens bedarf, wird sie überhaupt nicht durch eine richterliche Entscheidung vermittelt. Wird ein besonderes Beweisaufnahmeverfahren nothwendig, so wird es zwar durch einen Beweisbeschluß angeordnet, allein dieser hat durchaus nur die Natur einer proceßleitenden Verfügung, an welche daher das Gericht nicht gebunden ist.

Im Uebrigen haben auch die Parteien bei der mündlichen Verhandlung ganz freie Hand. Insbesondere können sie die äußere Anordnung ihrer Vorträge ganz nach den Umständen und nach Rücksichten der Zweckmäßigkeit bemessen. Namentlich darf auch der Grundsatz der Beweisverbindung nicht so verstanden werden, als ob die Beweisantretung in Ansehung einer Thatsache immer sofort und unmittelbar in Verbindung mit der Anführung der Thatsache erfolgen müßte; sondern, wo es nach den Umständen zweckmäßig erscheint, können die Beweisantretungen auch erst am Schlusse der Verhandlung geschehen. Ueberhaupt können die Parteien wegen des Wegfalls der Eventualmaxime Rechtsbehelfe jeder Art, Angriffs-, Vertheidigungs- oder Beweismittel, in jeder Lage der Verhandlung vorbringen bis zum Schlusse derjenigen mündlichen Verhandlung, auf welche das Urtheil unmittelbar folgt, also selbst nach Erlassung eines Beweisbeschlusses und nach stattgefundener Beweisaufnahme. Zur Verhütung von Mißbräuchen kann jedoch das Gericht eine Verzögerung des Processes, die durch ein nach seinem Ermessen in ungehöriger Weise verspätetes Vorbringen von Rechtsbehelfen entsteht, durch gänzliches oder theilweises Auflegen der Proceßkosten, nach Befund sogar einer besonderen Verhandlungs- oder Beweisgebür strafen. Ferner können Vertheidigungsmittel, die der Beklagte nachträglich vorbringt, auf Antrag des Klägers zurückgewiesen werden, wenn durch ihre Zulassung eine Proceßverzögerung entstünde und das Gericht zu der Ueberzeugung gelangt, daß der Beklagte sie in der Absicht der Proceßverschleppung oder aus grober Nachlässigkeit zurückgehalten habe. Das Gleiche gilt, wenn eine Partei nach Erlassung eines Beweisbeschlusses hinsichtlich der darin bezeichneten streitigen Thatsachen neue Zeugen benennt oder sich auf Urkunden bezieht, die erst herbeigeschafft werden sollen.

Dieser Wegfall der Eventualmaxime hängt zum großen Theil mit einem höchst wichtigen Grundsatze zusammen, den die Civilproceßordnung als eine nothwendige Folge des Mündlichkeitsprincipes ansieht, und der seinen Einfluß namentlich im Versäumnißverfahren zu erkennen gibt, — mit dem Grundsatze nämlich, daß bei jeder Fortsetzung einer unterbrochenen Verhandlung in der That die ganze Verhandlung vollständig von Neuem stattfinden muß. Das will natürlich nicht sagen, daß alles früher Verhandelte in der gleichen Ausführlichkeit wiederholt werden müßte; aber es muß wenigstens, wenn es Berücksichtigung finden soll, wenn auch nur in aller Kürze wieder berührt und in Erinnerung gebracht werden. Durch jede Unterbrechung einer Verhandlung wird daher alles bisher Verhandelte juristisch gleichsam weggewischt und ungeschehen gemacht, und diejenige mündliche Verhandlung, welche der Urtheilsfällung unmittelbar vorhergeht, ist also juristisch die allein maßgebende und entscheidende. Den Mißständen, zu denen allerdings dieser Grundsatz leicht führen kann, kann hauptsächlich durch das schon erwähnte weitgehende Trennungsrecht des Gerichtes vorgebeugt werden. Denn ein Punkt, der bereits durch Zwischenurtheil erledigt ist, ist für diese Instanz abgemacht und kann durch die weitere Verhandlung nicht mehr in Frage gestellt werden.

Der Verlauf einer mündlichen Verhandlung ist immer im Wesentlichen folgender:

Der Termin beginnt mit dem Aufrufe der Sache. Nachdem der Vorsitzende die mündliche Verhandlung eröffnet hat, stellen die Parteien zuvörderst beiderseits ihre Anträge, was im Anwaltsprocesse durch Verlesen geschehen muß. Sodann halten sie zur Begründung derselben ihre Vorträge. Diese müssen das Streitverhältniß in thatsächlicher und rechtlicher Beziehung erörtern und in freier Rede geschehen. Ein Ablesen der vorbereitenden Schriftsätze oder eine Bezugnahme auf Schriftstücke anstatt mündlicher Verhandlung, wie sie im gemeinen Processe so üblich ist, ist unzulässig. Nur soweit es gerade auf den Wortlaut ankommt, dürfen Schriftstücke vorgelesen werden. Neben dem Anwalte muß auf Antrag auch der Partei selbst das Wort gestattet werden. Parteien, Bevollmächtigten und Beiständen, denen die Fähigkeit zum geeigneten Vortrage fehlt, kann jedoch das Gericht den weiteren Vortrag untersagen. Auch kann es, zur Verhütung der Entstehung einer Winkeladvocatur, Bevollmächtigte und Beistände zurückweisen, welche das mündliche Verhandeln vor Gericht geschäftsmäßig betreiben. Rechtsanwälten und ihren Stellvertretern gegenüber hat jedoch das Gericht diese Befugnisse nicht.

Wenn aber nach dem Grundsatze der Mündlichkeit für das Urtheil nur die mündliche Verhandlung maßgebend sein darf, so versteht sich doch von selbst, daß der Sachverhalt einer Fixirung benöthigt, nicht bloß in Rücksicht auf die höheren Instanzen, sondern auch zum Verständnisse des Urtheils selbst und zur Bestimmung des Umfanges seiner Rechtskraft. Es fragt sich, wie diese Fixirung geschieht.

Es kommt für dieselbe dreierlei in Betracht: die vorbereitenden Schriftsätze, das Sitzungsprotokoll und das, natürlich nach Ermessen durch schriftliche Notizen unterstützte, Gedächtniß der Richter. Der normale und weitaus gewöhnlichste Fall ist der, daß der Inhalt des mündlichen Vortrages mit demjenigen des vorbereitenden Schriftsatzes in allem Wesentlichen übereinstimmt. Insoweit enthalten denn also schon die vorbereitenden Schriftsätze eine genügende Fixirung des Sachverhaltes, und es entsteht also nur noch das Bedürfniß einer Feststellung der Abweichungen und Ergänzungen, welche in der mündlichen Verhandlung vorkommen können. Hiefür kann das Sitzungsprotokoll benutzt werden. Jede Partei kann verlangen, daß wesentliche Erklärungen, welche nicht in vorbereitenden Schriftsätzen enthalten sind, oder wesentliche Abweichungen von dem Inhalte solcher Schriftsätze zum Sitzungsprotokoll festgestellt werden, und zwar gleichviel, ob es sich dabei um ihre eigenen Erklärungen oder um solche der Gegenpartei handelt. In gleicher Weise kann sie die Feststellung von Geständnissen sowie von Erklärungen über Annahme oder Zurückschiebung von Eiden verlangen, weil beides, einmal geschehen, im Laufe des Processes nicht mehr zurückgenommen werden kann. Anträge, welche nicht in den vorbereitenden Schriftsätzen enthalten sind oder von früher verlesenen abweichen, müssen bei Vermeidung der Nichtberücksichtigung zum Protokoll festgestellt werden. Gewisse besonders wichtige Punkte endlich sind schon von Amtswegen zu protokolliren, namentlich Anerkenntnisse, Verzichtleistungen und Vergleiche, durch welche der geltend gemachte Anspruch ganz oder theilweise erledigt wird, und zwar hier ohne Rücksicht darauf, ob sie schon in den vorbereitenden Schriftsätzen erwähnt sind oder nicht; ferner die Aussagen von Zeugen und Sachverständigen, das Ergebniß eines Augenscheins und die Entscheidungen des Gerichtes.

Soweit die Parteien die Feststellung von mündlichen Ergänzungen der vorbereitenden Schriftsätze oder von Abweichungen von denselben nicht veranlaßt haben, kommt es auf das Gedächtniß der Richter an. Daher kann das Urtheil immer nur von denjenigen Richtern gefällt werden, welche der Verhandlung, die ihm zu Grunde liegt, beigewohnt haben.

Nach allen diesen Anhaltspunkten muß aber schließlich immer das Urtheil selbst in seinem sogenannten Thatbestande eine gedrängte Darstellung des Sach- und Streitstandes geben, wobei auf den Inhalt der vorbereitenden Schriftsätze und auf die Feststellungen zum Sitzungsprotokoll Bezug genommen werden kann. Dieser Thatbestand liefert für die Folge in Ansehung des Inhaltes der mündlichen Verhandlung Beweis, und zwar einen Beweis, der nur durch das Sitzungsprotokoll entkräftet werden kann. Als Hülfsmittel gegen Irrthümer und Versehen, die bei der Abfassung des Thatbestandes unterlaufen können, kann jede Partei innerhalb einer Woche die Berichtigung desselben beantragen. Doch kommen nach der in Hannover gemachten Erfahrung dergleichen Anträge nur höchst selten vor; überhaupt hat sich die von der Civilproceßordnung befolgte Methode der Fixirung des Sachverhaltes durch die Erfahrung vollkommen und durchaus bewährt.

Hiemit glaube ich alles gesagt zu haben, was für die allgemeine Charakterisirung des neuen Verfahrens von wesentlicher Bedeutung ist. In meiner nächsten Vorlesung will ich zu einer concreteren Darstellung des Verfahrens in erster Instanz übergehen.

III.

Rücksichtlich des Verfahrens in erster Instanz sind zunächst zu unterscheiden das ordentliche Verfahren und die besonderen Arten des Verfahrens. Bei dem ordentlichen Verfahren selbst aber ist wieder zu sondern das Verfahren vor den Landgerichten, bei welchem Anwaltszwang stattfindet, und das Verfahren vor den Amtsgerichten, bei welchem der Anwaltszwang wegfällt. Das landgerichtliche Verfahren gilt dabei als das eigentlich normale und ist von der Civilproceßordnung genau und vollständig bestimmt; hinsichtlich des amtsgerichtlichen Verfahrens begnügt sich das Gesetzbuch. mit einer Regelung der Abweichungen von dem landgerichtlichen Verfahren, auf welches sie im Uebrigen verweist.

Im landgerichtlichen Verfahren geschieht die Erhebung der Klage, an welche sich die Wirkungen der Rechtshängigkeit und überhaupt alle bisherigen Wirkungen der Anstellung, Mittheilung oder Beantwortung der Klage knüpfen, jedesmal durch Zustellung einer Klageschrift an den Beklagten. Die Klageschrift muß wegen des Anwaltszwanges von einem bei dem Proceßgerichte zugelassenen

Rechtsanwalt unterschrieben sein, und, wenn die Wirkungen der Klageerhebung eintreten sollen, als wesentliche Stücke enthalten:

1) die genügende Bezeichnung der Parteien und des Gerichtes,

2) die bestimmte Angabe des Gegenstandes und des Grundes des erhobenen Anspruches, d. h. der Thatsachen, auf welche der gestellte Klageantrag gestützt wird, sowie diesen Antrag selbst in bestimmter Fassung,

3) die Ladung des Beklagten vor das Proceßgericht zur mündlichen Verhandlung des Rechtsstreites, verbunden mit der Aufforderung zur Anwaltsbestellung.

Neben diesem wesentlichen und unentbehrlichen Inhalte soll die Klageschrift den Anforderungen entsprechen, welche die Civilproceßordnung an die vorbereitenden Schriftsätze macht; doch ist davon der Eintritt der Wirkungen der Klageerhebung nicht abhängig. Endlich soll sie, wenn die Zuständigkeit des Gerichtes von dem Werthe des Streitgegenstandes abhängt, auch diesen angeben.

Folgendes Beispiel einer Klageschrift mag zur Veranschaulichung dienen:*)

---

*) Dieses wie die folgenden Beispiele sind dem empfehlenswerthen Buche von Hermann Meyer: Anleitung zur Proceßpraxis nach der Civilproceßordnung vom 30. Januar 1877 in Beispielen an Rechtsfällen (Berlin, Franz Vahlen, 1879) entnommen. Nur das Beispiel der Gerichtsvollzieherurkunde habe ich selbst entworfen, weil auffallenderweise Muster solcher Urkunden in dem Meyer'schen Werke gänzlich fehlen.

An

Königliches Landgericht Lüneburg.

Civilkammer I.

Klageschrift

des Kaufmanns Carl Reiche in Hannover, Klägers,

wider

den Schneider Heinrich Bock in Uelzen, Beklagten,

wegen

Darlehens von 1000 M.

Ich habe dem Beklagten am 3. Juni 1877 1000 M. zu 5% verzinslich geliehen, wie ich durch Zeugen, nämlich

Schuster Friedrich Leisten in Hannover,

Tischler Ernst Hobel daselbst

beweisen will.

Ich lade den Beklagten vor das Landgericht Lüneburg zu dem von dem Herrn Vorsitzenden anzuberaumenden Termin zur mündlichen Verhandlung des Rechtsstreites und fordere ihn auf, einen bei diesem Gerichte zugelassenen Anwalt zu bestellen.

Ich werde beantragen,

den Beklagten zur Zahlung von 1000 M. nebst den rückständigen Zinsen zu 5 Procent vom 3. Juni 1878 an bis zur Zahlung zu verurtheilen.

Lüneburg, den 3. Oktober 1879. Agerius.

Der Termin für die mündliche Verhandlung wird vor der Zustellung der Klageschrift vom Vorsitzenden des Proceßgerichtes bestimmt. Zu diesem Behufe muß der Anwalt des Klägers die Urschrift der Klage, und gleichzeitig auch eine für die Gerichtsacten bestimmte Abschrift auf der Gerichtsschreiberei einreichen. Der Gerichtsschreiber hat nun dafür zu sorgen, daß die Terminsbestimmung, die übrigens ohne Prüfung der Zuständigkeit oder der Begründung der Klage geschieht, binnen 24 Stunden erfolgt. Und zwar geschieht sie in der Form, daß der Vorsitzende den Terminstag auf die Urschrift der Klage setzt. Der Terminstag ist so zu bestimmen, daß dem Beklagten die Einlassungsfrist gewahrt werden kann, d. h. diejenige Frist, die zwischen der Zustellung der Klage und dem Verhandlungstermin frei bleiben soll; denn wird sie nicht gewahrt, so kann beim Ausbleiben des Beklagten kein Versäumnißurtheil gegen ihn erlassen werden. Die Einlassungsfrist beträgt aber für die Regel mindestens einen Monat, in Meß- und Marktsachen ausnahmsweise nur 24 Stunden. Uebrigens kann die Einlassungsfrist auf Antrag des Klägers vom Vorsitzenden nach Ermessen abgekürzt werden, und zwar sogar soweit, daß nun die Vorbereitung der mündlichen Verhandlung durch Schriftsätze nicht möglich ist.

Nach erfolgter Terminsbestimmung muß der Anwalt des Klägers dem Beklagten die Klageschrift zustellen lassen, und zwar so zeitig, daß dem Beklagten wirklich die gesetzliche oder im Fall der Abkürzung vom Vorsitzenden festgesetzte Einlassungsfrist frei bleibt. Die Zustellung geschieht durch Behändigung einer von dem Anwalte beglaubigten Abschrift der Klage. Der Anwalt kann sie nach seiner Wahl durch einen Gerichtsvollzieher oder durch die Post bewirken lassen; nur werden, wo der erste Weg kostspieliger ist als der zweite, die durch die Wahl des ersten entstehenden Mehrkosten unter keinen Umständen ersetzt. In beiden Fällen muß der Anwalt des Klägers die Urschrift der Klage nebst der für den Beklagten bestimmten beglaubigten Abschrift einem Gerichtsvollzieher übergeben oder überschicken. Im ersten Fall behändigt dieser selbst die gedachte Abschrift dem Beklagten, oder, wenn er nicht anzutreffen ist, einem seiner Familienangehörigen oder seinem Hauswirth und dgl. Die Urkunde über die Zustellung setzt er in Urschrift auf die Urschrift der Klage, in beglaubigter Abschrift auf die für den Beklagten bestimmte Abschrift derselben. Die Zustellungsurkunde würde in dem als Beispiel angenommenen Fall etwa folgendermaßen lauten:

Vorstehende Klage habe ich, unterschriebener Heinrich Hurtig, Gerichtsvollzieher zu Uelzen, heute am 6. Oktober 1879 im Auftrage des Herrn Rechtsanwaltes Agerius zu Lüneburg, als Anwaltes des Klägers Herrn Carl Reiche, Kaufmanns zu Hannover, dem Beklagten, Herrn Heinrich Bock, Schneider zu Uelzen, zu Uelzen in seiner Wohnung zugestellt, indem ich ihm persönlich — oder: indem ich, da er persönlich in derselben nicht angetroffen wurde, seiner Ehefrau — eine beglaubigte Abschrift der Klage sowie dieser Urkunde übergeben habe.

Hurtig, Gerichtsvollzieher.

Die Kosten betragen 2c.*)

Der Beklagte muß nun innerhalb der ersten zwei Drittheile seiner Einlassungsfrist, d. h. derjenigen Frist, die im gegebenen Fall thatsächlich zwischen der Zustellung der Klageschrift und dem Termin zur mündlichen Verhandlung in der Mitte liegt, dem Anwalte des Klägers die Klagebeantwortung zustellen lassen, d. h. einen vorbereitenden Schriftsatz, worin er angibt, was er bei der mündlichen Verhandlung auf die Klage erwidern will. Sie muß wegen des Anwaltszwanges ebenfalls von einem bei dem Proceßgerichte zugelassenen Rechtsanwalte unterschrieben sein, ist aber rein vorbereitender Natur, und die schuldhafte Unterlassung zieht daher auch nur die Auferlegung der Kosten der verursachten Proceßverzögerung sowie nach Befund einer besonderen Ver-

---

*) S. Gebürenordnung für Gerichtsvollzieher §. 23.

handlungsgebür nach sich. Ferner ist der Beklagte an den Inhalt der Klagebeantwortung bei der mündlichen Verhandlung nicht gebunden, und zwar gilt dieses selbst in Ansehung einer Widerklage, welche der Beklagte in der Klagebeantwortung ankündigt. Ueberhaupt wird die Widerklage processualisch wie eine Einrede behandelt. Die Zustellung der Klagebeantwortung geschieht in gleicher Weise, wie diejenige der Klageschrift, sie kann aber, da jetzt jede Partei einen Anwalt hat, falls der Anwalt des Klägers darauf eingeht, auch von Anwalt zu Anwalt erfolgen, d. h. so, daß der Anwalt des Beklagten dem Anwalte des Klägers die für diesen bestimmte beglaubigte Abschrift der Klagebeantwortung gegen einfachen Empfangschein übergibt. Und dieses wird sicher das Regelmäßige werden. Sofort nach der Zustellung ist auch eine für das Gericht bestimmte Abschrift der Klagebeantwortung auf der Gerichtsschreiberei niederzulegen.

In dem vorausgesetzten Processe könnte die Klagebeantwortung etwa folgendermaßen gefaßt sein.

An
Königliches Landgericht Lüneburg.
Civilkammer I.

Klagebeantwortung und Widerklage

von Seiten

des Schneiders Heinrich Bock zu Uelzen, Beklagten,

wider

den Kaufmann Carl Reiche zu Hannover, Kläger,

wegen

Darlehens von 1000 M.

Hat Anl. I.

Ich werde beantragen,

die Klage abzuweisen, dagegen in der Widerklage den Kläger zur Bezahlung von 47 M. nebst Zinsen zu 5 Procent von Zustellung der Klagebeantwortung an zu verurtheilen.

Ich bestreite den Empfang der 1000 M.; Beklagter hat nur 500 M. erhalten.

Ich schütze sodann folgende Einreden vor:

1) Ich war am 3. Juni 1877 Haussohn und stand in der Gewalt meines Vaters, des Arbeitsmannes Friedrich Bock zu Lüneburg, habe daher die Exceptio SCti Macedoniani. Zu beweisen brauche ich dies nicht, da die Fortdauer der väterlichen Gewalt präsumirt wird.

2) Ich habe am 1. August 1878 dem Kläger auf das Capital 100 M. zurückbezahlt. Beweis: Commis Behrens in Hannover als Zeuge.

3) Ich habe für den Kläger die auf der in

Anl. I

beigefügten Rechnung verzeichneten Arbeiten auf Bestellung angefertigt zu den beigefügten ortsüblichen und angemessenen Preisen. Beweis: Meine Geschäftsbücher und Eideszuschiebung. Ich will daher eventuell mit dieser Gegenforderung compensiren, will aber auch, falls die Forderung nicht zur Compensation kommt, den Betrag widerklagend fordern.

Lüneburg, den 3. November 1879.

Dr. Aegidi.

Die Civilproceßordnung geht nach den Motiven in Rücksicht auf die in Hannover und am Rhein gemachten Erfahrungen von der Annahme aus, daß Klageschrift und Klagebeantwortung in der Regel zur genügenden Vorbereitung der mündlichen Verhandlung ausreichen werden. Nur dann sind sie ausnahmsweise nicht ausreichend, wenn eine

Partei in der mündlichen Verhandlung noch weitere Thatsachen, Beweismittel oder Anträge vorbringen will, worauf der Gegner voraussichtlich ohne vorgängige Erkundigung nicht im Stande ist, eine Erklärung abzugeben. Sie muß dann zur Vermeidung der Kosten der etwa verursachten Proceßverzögerung das beabsichtigte weitere Vorbringen dem Gegner durch einen neuen vorbereitenden Schriftsatz so zeitig mittheilen, daß er die erforderliche Erkundigung noch vor der mündlichen Verhandlung einziehen kann. Die Zustellung geschieht ganz in derselben Weise, wie diejenige der Klagebeantwortung; auch ist sofort nach der Zustellung wiederum eine Abschrift für die Gerichtsacten auf der Gerichtsschreiberei niederzulegen.

Beispiel:

An

Königliches Landgericht Lüneburg.

Civilkammer I.

Erklärung

des Kaufmanns Carl Reiche in Hannover, Klägers,

wider

den Schneider Heinrich Bock in Uelzen, Beklagten,

wegen

Darlehens von 1000 M.

Auf die Klagebeantwortung des Beklagten werde ich erklären:

Baar habe ich allerdings nur 500 M. hingegeben.

Die Sache verhält sich so:

Beklagter hatte von mir Waaren erhalten und verschiedene Zahlungen darauf geleistet. Am 3. Juni 1877 rechneten wir ab, und Beklagter erkannte dabei eine Schuld von 500 M. an. Es wurde ausgemacht, daß ich ihm noch 500 M. hinzuleihen und er die gesammten 1000 M. als Darlehen mit 5 Procent von da ab verzinsen solle.

Die Einrede aus dem Senatusconsultum Macedonianum ist unbegründet. Beklagter betreibt seit Herbst 1876 in Uelzen selbständig das Schneiderhandwerk.

Beweis: Zeugniß des Bürgermeisters von Linsingen in Uelzen.

Die Zahlung der 100 M. wird bestritten, der Zeuge zugelassen.

Die Rechnung für Schneiderarbeiten ist richtig, aber am 1. August 1878 bezahlt.

Beweis: Commis Behrens in Hannover als Zeuge.

Ich beantrage

Abweisung der Widerklage.

Lüneburg, den 11. November 1879.

Agerius.

Stellt sich in der mündlichen Verhandlung heraus, daß die zugestellten Schriftsätze zur Vorbereitung nicht ausreichen, und wird in Folge dessen eine Vertagung der mündlichen Verhandlung nothwendig, so kann das Gericht die Fristen bestimmen, innerhalb welcher vor dem neuen Verhandlungstermin die noch erforderlichen vorbereitenden Schriftsätze zuzustellen sind.

Kurze Zeit vor dem Verhandlungstermin legt der Gerichtsschreiber die in der angegebenen Art erwachsenen Gerichtsacten dem Vorsitzenden vor, der nach Ermessen, namentlich zur Vorbereitung auf die in Betracht kommenden Rechtsfragen, sogleich einen Referenten bestellen kann. In Hannover ist dies stets geschehen.

Die mündliche Verhandlung selbst geschieht nach Maßgabe der allgemeinen Vorschriften. Der Termin beginnt also mit dem Aufrufe der Sache. Sodann stellen die Anwälte der Parteien ihre Anträge, und zwar muß dieses hier im landgerichtlichen Processe bei Vermeidung der Nichtberücksichtigung durch Verlesung derselben aus den vorbereitenden Schriftsätzen geschehen, oder, soweit sie nicht in solchen enthalten sind, aus einem — übrigens völlig formlosen — Schriftsatze, der dem Protokoll als Anlage beizufügen ist. Nunmehr folgt die Verhandlung selbst. Zuvörderst kann es dabei zu einem besonderen Vorverfahren über proceßhindernde Einreden kommen.

Unter proceßhindernden Einreden versteht die Civilproceßordnung die Geltendmachung proceßhindernder Umstände, d. h. die Berufung auf proceßrechtliche Gründe, aus denen unter den obwaltenden Verhältnissen der erhobene Rechtsstreit entweder überhaupt gar nicht verhandelt werden darf, oder doch mindestens der Beklagte nicht gehalten ist, sich auf die Verhandlung desselben einzulassen. Die Zahl der zulässigen proceßhindernden Einreden ist aber sehr beschränkt (auf sechs). Sie zerfallen wieder in solche, auf welche der Beklagte wirksam verzichten kann, weil ihnen keine andere Rücksicht als diejenige auf das Interesse des Beklagten zu Grunde liegt (wie z. B. Einrede der mangelnden Kostencaution), und in solche, auf welche der Beklagte nicht wirksam verzichten kann, weil die betreffenden proceßhindernden Momente in Rücksichten des öffentlichen Interesses wurzeln und daher auch schon von Amtswegen ohne Rücksicht auf den Willen der Parteien beachtet werden müssen. Die letzteren können natürlich zu jeder Zeit und in jedem Stadium des Processes geltend gemacht werden. Dagegen müssen die verzichtbaren proceßhindernden Einreden bei Vermeidung des Verlustes gleichzeitig geltend gemacht werden, und zwar ehe der Beklagte seine Verhandlung zur Hauptsache beginnt.

Nach dem Beginn derselben kann er solche Einreden nur dann noch geltend machen, wenn er glaubhaft macht, daß er sie ohne sein Verschulden vorher nicht habe geltend machen können.

Mit der Vorbringung proceßhindernder Einreden kann zwar der Beklagte die eventuelle Einlassung auf die Hauptsache verbinden; doch ist er im landgerichtlichen Verfahren dazu nicht genöthigt und kann ein besonderes Vorverfahren über die proceßhindernden Einreden verlangen. Wenn er es nicht verlangt, so kann es vom Gericht angeordnet werden. Erweisen sich darin die geltend gemachten proceßhindernden Einreden sämmtlich als nicht begründet, so werden sie durch ein Urtheil verworfen, welches zwar seiner Natur nach nur ein Zwischenurtheil ist, aber gleich einem Endurtheil sofort und selbständig durch Berufung angefochten werden kann. Damit dieses nicht zur Proceßverschleppung mißbraucht werde, kann das Gericht auf Antrag anordnen, daß trotz der eingelegten Berufung die Verhandlung zur Hauptsache stattzufinden habe. In solchem Fall wird dann, wie in einigen anderen verwandten, über die Sache gleichzeitig in zwei verschiedenen Instanzen verhandelt. Stellt sich dagegen eine proceßhindernde Einrede als begründet heraus, so wird natürlich durch Endurtheil die Klage einstweilen abgewiesen. Eine Ausnahme macht nur der Fall, wenn es dem Landgerichte an der sachlichen Zuständigkeit fehlt. In diesem Fall ist nämlich, wenn der Kläger darauf anträgt, durch das Urtheil, welches die Unzuständigkeit ausspricht, der Proceß zugleich an ein bestimmtes Amtsgericht des Bezirkes zu verweisen. Ist dieses geschehen, so gilt dann, sobald das Urtheil rechtskräftig geworden ist, der Proceß als bei diesem Amtsgerichte anhängig, gleich wie wenn die Klage von vornherein bei demselben erhoben worden wäre, — eine höchst praktische Vorschrift, welche den Parteien Zeit, Kosten und andere Unzuträglichkeiten erspart.

Im Hauptverfahren oder der Verhandlung zur Hauptsache müssen (in Gemäßheit der allgemeinen Regeln) die Parteien ihre Angriffs- und Vertheidigungsmittel angeben nebst den Thatsachen, worauf sich dieselben stützen, also Klagegrund, Einreden, Widerklage, Repliken 2c. Außerdem müssen sie nach dem Grundsatze der Beweisverbindung auch Beweis antreten, d. h. die Beweismittel bezeichnen, deren sie sich zum Nachweise oder zur Widerlegung thatsächlicher Behauptungen bedienen wollen. Ferner muß sich jede Partei über die thatsächlichen Behauptungen und die Beweismittel des Gegners erklären sowie ihre etwaigen Beweiseinreden vorbringen. Thatsachen, welche nicht ausdrücklich bestritten werden, gelten für zugestanden, falls nicht die Absicht ihrer Bestreitung aus den übrigen Erklärungen der Partei hervorgeht. Mit Nichtwissen darf sich eine Partei nur über Dasjenige erklären, was sie weder selbst gethan noch selbst wahrgenommen haben soll, was ihr also in der That unbekannt sein kann.

In dem als Beispiel angenommenen Rechtsstreite könnte sich die Verhandlung etwa folgendermaßen gestalten:

Vorsitzender: Reiche gegen Bock.

Agerius: Ich vertrete den Kläger, Kaufmann Carl Reiche in Hannover.

Negidi: Ich den Beklagten, Schneider Heinrich Bock in Uelzen.

Agerius (liest): Ich beantrage, den Beklagten zur Zahlung von 900 M. nebst 5 % Zinsen vom 3. Juni 1878 an zu verurtheilen.

Negidi (liest): Ich beantrage, die Klage abzuweisen, dagegen in der Widerklage den Kläger zur Bezahlung von 47 M. nebst Zinsen zu 5 % von Zustellung der Klagebeantwortung an zu verurtheilen.

Agerius (liest): Ich beantrage Abweisung der Widerklage. (frei vortragend): Der Kläger hat am 3. Juni 1877 mit dem Beklagten Abrechnung gehalten, und dabei hat letzterer anerkannt, aus dieser Abrechnung dem Kläger 500 M. schuldig zu sein. Beide haben darauf vereinbart, daß Beklagter diesen Betrag als Darlehen schulden und mit 5 % von jenem Tage an verzinsen solle. Außerdem hat der Kläger ihm dabei 500 M. baar zu 5 % Zinsen hinzugeliehen. Die Gesammtschuld beträgt daher 1000 M. Davon will jedoch der Kläger 100 M. als getilgt annehmen.

Ich erwarte übrigens zunächst Vollmacht des Gegners.

Negidi: Hier ist sie (überreicht die Vollmacht). Ich bringe zunächst die Einrede der unzulässigen Klageänderung vor. Der Klageschrift liegt ein in einer Summe gegebenes Darlehen zu Grunde, jetzt sollen nur 500 M. baar hingegeben sein.

Eventuell habe ich Folgendes zu erklären: Was Kläger über Abrechnung und Anerkennung einer Schuld sagt, ist thatsächlich unwahr. Kläger hat dem Beklagten 500 M. zu 5 % geliehen, und dabei sind auch einige Reden über die sonstigen Schuldverhältnisse gefallen; zur Abrechnung ist es nicht gekommen.

Ich schütze sodann folgende Einreden vor:

Erstlich war Beklagter zur Zeit der Hingabe des Darlehens Haussohn, in der Gewalt seines Vaters. Zwar hat der Beklagte sich schon im Herbste 1876 in Uelzen als Schneider besetzt, sein Vater hat ihn aber noch mehrfach unterstützt.

Zweitens behauptet Beklagter, am 1. August 1878 100 M. auf das fragliche Darlehen auf Capital bezahlt zu haben.

Drittens compensire ich mit einer Forderung von 47 M. für Schneiderarbeit. Die Posten sind in Anlage I meiner Klagebeantwortung verzeichnet. Ich brauche wohl nicht näher darauf einzugehen, da die Forderung an sich anscheinend nicht bestritten werden soll.

Auf eben diese Thatsachen gründe ich eine Widerklage, die also in Betracht kommt, wenn die Klage schon ohnehin abgewiesen wird.

Agerius: Eine Klageänderung liegt in keiner Weise vor. In der Klageschrift ist nur behauptet: (liest) „Ich habe dem Beklagten am 3. Juni 1877 1000 M. zu 5% verzinslich geliehen", also ist es nach §. 240 Nr. 1 der C.P.O. keine Klageänderung.

Von der Klage sind 500 M. mit Zinsen an sich liquide. Hinsichtlich der Abrechnung und Verwandlung in ein Darlehen schlage ich den Schuster Leisten und Tischler Hobel in Hannover als Zeugen vor; auch lege ich eine Urkunde vor. Sie lautet: (liest)

Lieber Herr Reiche!

Anbei erhalten Sie die 50 M. Zinsen. Postschein statt Quittung.

Uelzen, am 5. Juni 1878. Achtungsvoll
Heinrich Bock.

Negidi: Ich bitte mir das Schreiben aus. (Nach Einsicht) Ich kann die Unterschrift nicht anerkennen.

Agerius: Dann schiebe ich über die Echtheit einen Eid dahin zu, daß die Thatsache, daß Beklagter den Brief vom 5. Juni 1878 unterzeichnet habe, nicht wahr sei.

Die exceptio SCti Macedoniani ist nach dem eignen Vorbringen des Gegners unbegründet; es liegt danach separata oeconomia vor. Ob der Beklagte noch von seinem Vater unterstützt ist, weiß ich nicht, ist auch völlig unerheblich.

Die zweite und dritte Einrede stehen mit einander im Zusammenhange. Ich bitte bei Entwerfung des Thatbestandes darauf zu achten, daß ich hier von meinem Schriftsatz abweiche.

Der Beklagte hatte nämlich dem Kläger die bei den Acten befindliche ganz richtige Rechnung zugesandt. Nun erschien am 1. August der Beklagte bei dem Kläger in Hannover und bezahlte 53 M. baar. Dazu die 47 M. gerechnet, macht 100 M., und das sind eben die 100 M., die ich bereits von meiner Forderung abgerechnet habe.

Negidi: Ich nehme in Abrede, daß der Beklagte gesonderten Haushalt geführt hat, und erwarte Beweis.

Vorsitzender: Was soll das heißen? Wollen Sie bestreiten, daß Beklagter auf eigene Rechnung das Gewerbe eines Schneiders betrieben hat?

Negidi: Nein; ich bleibe aber dabei, daß der Vater ihn noch unterstützt hat.

Vorsitzender: Wenn ich Sie recht verstehe, so wollen Sie also lediglich aus der Unterstützung durch den Vater den Schluß ziehen, daß eine separata oeconomia nicht vorliege?

Negidi: Allerdings.

Vorsitzender: Der Gegner hat es bestritten, wie wollen Sie es beweisen?

Negidi: Ich schiebe dem Gegner einen Eid über die Behauptung zu.

Agerius: Der Eid ist nach §. 410 unzulässig, denn meine Partei hat keine Wahrnehmung darüber gemacht, ob Beklagter von seinem Vater unterstützt ist.

Vorsitzender: Herr Dr. Negidi, wollen Sie sich nun über die Behauptungen bezüglich Ihrer zweiten und dritten Einrede erklären!

Negidi: Ich bleibe dabei, daß 100 M. baar gezahlt sind und die Rechnung meiner Partei noch ungetilgt ist. Wenn Kläger jetzt behauptet, daß die 47 M. durch Abrechnung getilgt seien, so mag er das beweisen.

Agerius: So liegt denn doch die Sache nicht. Ueber die Forderung der 47 M. ist gar kein Streit; ich will dieselbe mir abrechnen lassen. Der Streit dreht sich lediglich darum, ob der Beklagte baar 53 M., wie ich behaupte, oder 100 M., wie er behauptet, gezahlt hat. Der Beklagte ist daher beweispflichtig.

Aegidi: Das ist nicht richtig.

Vorsitzender: Wie würden Sie aber beweisen wollen, daß er außer den 53 M. noch 47 M. baar bezahlt hat, wenn das Gericht der Auffassung des Klägers beitreten sollte.

Aegidi: Dann schiebe ich dem Kläger darüber einen Eid zu.

Agerius: Der Eid wird angenommen.

Vorsitzender (zu Agerius): Sie geben wohl den Brief zu den Acten.

Agerius: Hier (thut es).

Vorsitzender: Die Verhandlung ist geschlossen. Das Urtheil soll gleich verkündet werden.

In vielen Fällen wird wegen des Grundsatzes der freien Beweiswürdigung und der darin wurzelnden Befugniß des Gerichtes, sich seine Ueberzeugung aus dem ganzen Inhalte der Verhandlungen frei zu bilden, das Urtheil ohne weitere Beweisaufnahme erlassen werden können, allenfalls in der Weise, daß die Entscheidung noch von der Leistung eines richterlichen Eides abhängig gemacht wird, den ja das Gericht ebenfalls nach freiem Ermessen auflegen kann. Wird aber eine Beweisaufnahme erforderlich, so kann sie ohne besonderes Beweisaufnahmeverfahren unmittelbar mit der Verhandlung verbunden werden, indem z. B. die Parteien ihre Urkunden oder Zeugen mitgebracht haben. Erscheint ein besonderes Beweisaufnahmeverfahren als erforderlich, wie namentlich dann, wenn die Beweisaufnahme durch einen beauftragten oder ersuchten Richter erfolgen soll, so muß es durch Beweisbeschluß angeordnet werden, welcher die Thatsachen, worüber der Beweis erhoben werden soll, die

Beweismittel und die beweisführende Partei bezeichnet. Dieser Beweisbeschluß darf ja nicht mit dem gemeinrechtlichen Beweiserkenntniß auf gleiche Linie gestellt werden. Er ist eine rein proceßleitende und überdies unanfechtbare Anordnung, von welcher das Gericht jederzeit wieder abgehen kann, wenn auch, zur Verhütung von Störungen oder Verzögerungen, die Parteien keine Aenderung des Beweisbeschlusses auf Grund der früheren Verhandlungen beantragen dürfen. Insbesondere enthält der Beweisbeschluß keine Regelung der Beweispflicht. Vielmehr ist es Sache der Parteien, selbst zu beurtheilen, nicht nur, hierin im Einklange mit dem gemeinen Proceßrechte, was jede von ihnen zur Begründung ihrer Anträge anzuführen, sondern auch, was jede von ihnen zu beweisen hat; und dieses ist ganz consequent und naturgemäß, weil die Beweispflicht unmittelbar aus der Anführungspflicht folgt und von dieser theoretisch wie praktisch gar nicht zu scheiden ist. Jede Partei hat daher ihre Beweise anzubieten, und der Beweisbeschluß beschränkt sich darauf, die Aufnahme angebotener Beweise zuzulassen und anzuordnen. Das Gericht wird sich demnach mit der Frage nach der Beweislast, die im gemeinen Processe oft so viel Streit und Zeitverlust verursacht, in vielen und wohl den meisten Fällen praktisch gar nicht zu beschäftigen brauchen; denn wenn schließlich über alle erheblichen Thatsachen Beweis vorliegt, so ist es ja praktisch sehr gleichgültig, welche Partei diesen Beweis erbracht hat. Von praktischer Bedeutung wird die Frage nach der Beweispflicht für das Gericht nur erst dann, wenn bei der Abfassung des Urtheils eine Thatsache, auf die es für die Entscheidung ankommt, nicht bewiesen ist, weil dann zu Ungunsten derjenigen Partei zu entscheiden ist, von welcher diese Thatsache zu beweisen gewesen wäre.

Die Erledigung des Beweisbeschlusses geschieht immer durch das Gericht von Amtswegen, und daher werden z. B. auch die Zeugen von Amtswegen geladen, indem ihnen der Gerichtsschreiber die Ladung zustellen läßt.

Auf das Beweisaufnahmeverfahren und die Beweisgrundsätze der Civilproceßordnung selbst kann ich hier nicht näher eingehen. Nur Folgendes mag kurz bemerkt sein. Im Zusammenhange mit dem Grundsatze der freien Beweiswürdigung ist die gesetzliche Unterscheidung von unfähigen, verdächtigen und klassischen Zeugen aufgegeben. Doch dürfen aus Rücksichten des öffentlichen Interesses öffentliche Beamte, ferner Geistliche und andere Personen, die vermöge ihres Amtes, Standes oder Berufes zur Geheimhaltung gewisser Thatsachen verpflichtet sind, nur bedingungsweise als Zeugen vernommen werden; ferner haben gewisse Personen, namentlich die nächsten Angehörigen einer Partei, die Befugniß, das Zeugniß zu verweigern. In Ansehung der Sachverständigen ist die Auffassung als Gehülfen des Richters scharf und in ihren Consequenzen durchgeführt. Die Beweiskraft der Urkunden, namentlich der öffentlichen Urkunden, ist zum großen Theil durch gesetzliche Regeln bestimmt. Endlich ist der Gebrauch des richterlichen Eides sehr erweitert und im Wesentlichen in das Ermessen des Gerichtes gestellt. Dagegen ist die Eideszuschiebung und Zurückschiebung sehr eingeengt und in einer, wie mir dünkt, sehr angemessenen Weise auf eigene Handlungen oder Wahrnehmungen des Gegners selbst oder seiner Rechtsvorgänger oder Vertreter eingeschränkt. Weniger zu loben ist vom praktischen Standpunkte die allzu feine und gerade deshalb doch wieder nicht genugsam erschöpfende Ausführung der Theorie des zugeschobenen Eides, zufolge deren die Anwendung dieser Lehre sehr schwierig ist und sicher zu vielen Streitigkeiten führen wird.

Geschieht die Beweisaufnahme vor dem Proceßgerichte selbst, so ist der Termin, in welchem sie stattfindet, zugleich zur Fortsetzung der mündlichen Verhandlung bestimmt, und diese schließt sich daher an die Beweisaufnahme unmittelbar an. Geschieht sie vor einem beauftragten oder ersuchten Richter, so wird der Termin für die Fortsetzung der Verhandlung, wenn er nicht schon in dem Beweisbeschlusse selbst bestimmt worden ist, nach Beendigung der Beweisaufnahme von Amtswegen durch den Vorsitzenden bestimmt und den Parteien durch Zustellung von Amtswegen bekannt gemacht. Zufolge eines in der vorigen Vorlesung erörterten Grundsatzes, wonach bei jeder Unterbrechung einer Verhandlung in dem neuen Termin die ganze Verhandlung wiederholt werden muß, verhandeln nun aber die Parteien in diesem neu anberaumten Verhandlungstermin nicht bloß über das Ergebniß der Beweisaufnahme, sondern sie müssen auch das Streitverhältniß von Neuem angeben und das Ergebniß der Beweisaufnahme nach Maßgabe der Beweisverhandlungen vortragen. Auf die Vollständigkeit und Richtigkeit dieses Vortrages hat der Vorsitzende durch Ausübung seines Fragerechtes hinzuwirken.

Will der Kläger die vorläufige Vollstreckbarkeit des erhofften verurtheilenden Erkenntnisses herbeiführen, oder will der Beklagte dieselbe verhüten, so müssen die betreffenden Anträge ebenfalls vor dem Schlusse der mündlichen Verhandlung gestellt werden, und es wird dann auch darüber in Verbindung mit der Hauptsache verhandelt.

Auf die mündliche Verhandlung folgt jedesmal ein Urtheil, und zwar je nach Verschiedenheit der Fälle entweder als **Endurtheil**, d. h. den ganzen Rechtsstreit vollständig und in seinem ganzen Umfang abschließendes Urtheil, oder als **Theilurtheil**, d. h. Endurtheil nur über einen Theil der erhobenen Ansprüche, also Urtheil, welches den Rechtsstreit nicht seinem ganzen Umfange nach, sondern nur für einen Theil dieses Umfanges abschließt, oder endlich als **Zwischenurtheil**, d. h. Urtheil, welches nur über eine Vorfrage, z. B. über eine einzelne Einrede oder Replik, entscheidet und so ein Endurtheil vorbereitet. Die Endurtheile mit Einschluß der Theilurtheile sind einer selbständigen Rechtskraft fähig; sie können und müssen daher zur Verhütung derselben sofort und selbständig durch Rechtsmittel angefochten werden. Die Zwischenurtheile dagegen sind zwar auch im Laufe der Instanz für das Gericht und die Parteien bindend, so daß Rechtsbehelfe, welche die dadurch entschiedene Vorfrage betreffen, in dieser Instanz nicht nachgeholt werden können. Sie sind aber einer selbständigen Rechtskraft unfähig, und sie können daher auch nicht selbständig durch Rechtsmittel angefochten werden, sondern nur in Verbindung mit dem späteren Endurtheil.

Jedes Urtheil muß außer der Bezeichnung der Parteien sowie ihrer gesetzlichen Vertreter und der Bezeichnung des Gerichtes nebst der Angabe der Richter, welche bei der Urtheilsfällung mitgewirkt haben (und welche keine anderen sein können als diejenigen, welche der Verhandlung beigewohnt haben), als wesentliche Stücke enthalten:

1. den sogenannten **Thatbestand**, d. h. eine gedrängte Darstellung des Sach- und Streitstandes auf Grund der mündlichen Parteivorträge unter Hervorhebung der gestellten Anträge. Er liefert für Das, was die Parteien mündlich vorgebracht haben, Beweis, der nur

durch das Sitzungsprotokoll entkräftet werden kann, kann aber auf Antrag jeder Partei, der freilich innerhalb einwöchiger Frist gestellt werden muß, berichtigt werden;

2. die Entscheidungsgründe;

3. die Urtheilsformel. Sie muß äußerlich von dem Thatbestande und den Entscheidungsgründen gesondert werden, kann aber beidem ebensowohl — nach deutscher Sitte — voran- als — nach rheinisch-französischem Gebrauche — nachgestellt werden.

Das Urtheil ist endlich von den Richtern, die bei seiner Fällung mitgewirkt haben, zu unterschreiben.

In dem Processe, welcher bisher zum Beispiel gedient hat, wird auf die mündliche Verhandlung, wie sie oben vorausgesetzt worden ist, etwa folgendes Urtheil ergehen:

Zwischenurtheil,

beschlossen von der ersten Civilkammer des Königlichen Landgerichtes Lüneburg, gebildet durch den Landgerichtspräsidenten Schwarz und die Landrichter Weiß und Roth,

in Sachen

des Kaufmanns Carl Reiche in Hannover, Klägers,

wider

den Schneider Heinrich Bock zu Uelzen, Beklagten,

wegen

Darlehens von 1000 M.

Thatbestand.

Der Kläger hat in der mündlichen Verhandlung den Antrag gestellt, den Beklagten zur Zahlung von 900 M. nebst 5 Procent Zinsen von dem 3. Juni 1878 an zu verurtheilen und zur Begründung desselben behauptet, er habe am 3. Juni 1877 mit dem Beklagten Abrechnung gehalten, und dabei habe Letzterer anerkannt, aus dieser Abrechnung dem Kläger 500 M. schuldig zu sein. Beide hätten darauf vereinbart, daß Beklagter diesen Betrag als Darlehen schulden und mit 5 Procent von jenem Tage an verzinsen solle. Außerdem habe der Kläger ihm dabei 500 M. baar zu 5 Procent Zinsen hinzugeliehen. Die Gesammtschuld betrage daher 1000 M., wovon Kläger 100 M. als getilgt annehmen wolle.

Diesem hat der Beklagte die Einrede der Klageänderung entgegengesetzt, weil in der Klageschrift von einem in einer Summe gegebenen Darlehen die Rede sei.

Kläger hat dies bestritten und zum Beweise den betreffenden Passus aus der Klageschrift vorgelesen.

Der Beklagte hat sodann den Empfang der 500 M. zu 5 Procent zugestanden, aber die Abrechnung, Schuldanerkennung und Verwandlung in ein Darlehen in Abrede genommen. Ueber diesen Punkt ist durch Beweisbeschluß Beweisaufnahme verfügt.

Dann hat der Beklagte der angestellten Darlehensklage folgende Einreden opponirt:

1) am Tage der Hingabe des Darlehens — 3. Juni 1877 — sei er noch in väterlicher Gewalt gewesen. — Kläger hat dies bestritten. In dieser Beziehung ist unter den Parteien kein Streit, daß schon seit Herbst 1876 der Beklagte auf eigene Rechnung das Gewerbe eines Schneiders zu Uelzen betrieben hat. Beklagter behauptet nur, von seinem Vater unterstützt zu sein, worüber er dem Kläger, der sich mit Nichtwissen darüber erklärt, einen Eid zugeschoben hat, welcher vom Kläger als unzulässig bezeichnet ist.

2) er habe dem Kläger am 1. August 1878 baar 100 M. bezahlt; daneben stehe ihm eine compensirend und widerklagend geltend zu machende Gegenforderung von 47 M. für Schneiderarbeiten zu.

Er hat beantragt, die Klage abzuweisen und den Kläger zur Bezahlung von 47 M. nebst 5 Procent Zinsen von der Zustellung der Klagebeantwortung an zu verurtheilen.

Der Kläger hat Abweisung der Widerklage beantragt.

Er hat die Gegenforderung von 47 Mark an sich zugestanden, aber bemerkt, er habe diese bereits in Abzug gebracht von seiner Forderung, welche ursprünglich 1000 M. betragen habe; denn nicht 100 M., sondern nur 53 M. seien baar bezahlt.

Beklagter hat dem Kläger über die Behauptung, dem Kläger außer den 53 M. noch 47 M. baar gezahlt zu haben, einen Eid zugeschoben, den der Kläger angenommen hat.

Gründe.

Da der Klagegrund ein am 3. Juni 1877 geschlossener Darlehensvertrag nach der Klageschrift war und noch ist, so liegt eine Klageänderung nicht vor.

Was sodann die auf das SC. Macedonianum gegründete Einrede anbelangt, so ist dieselbe unbegründet, weil in dem Beginne des selbständigen Betriebes des Schneiderhandwerkes die Begründung eines gesonderten Haushaltes zu befinden ist, welche die väterliche Gewalt nach heutigem Rechte aufhebt. Ob Beklagter noch von seinem Vater unterstützt ist, ist unerheblich.

Die Einrede der Zahlung der 47 M. ist dagegen begründet, und ist der darüber zugeschobene Eid zu normiren, welchen der Kläger bereits angenommen hat.

Daher ergeht als

Entscheidung:

Die Einrede der Klageänderung und die Einrede aus dem SC. Macedonianum werden verworfen. Die Einrede der Zahlung der 47 M. soll verworfen werden, wenn der Kläger folgenden Eid schwört:

Ich schwöre u. s. w., daß die Thatsache, Beklagter habe am 1. August 1878 mir außer den 53 M. noch fernere 47 M. bezahlt, nicht wahr ist. So wahr u. s. w.

Anderenfalls soll der Einrede stattgegeben werden.

Schwarz. Weiß. Roth.

Verkündet am 20. November 1879.

Biedermann, Gerichtsschreiber.

Jedes Urtheil muß verkündet werden. Die Verkündung kann sich unmittelbar in dem nämlichen Termin an die mündliche Verhandlung anschließen; sie kann aber auch in einem späteren Termin erfolgen, der dann aber sofort anberaumt werden muß und nicht über eine Woche hinausgerückt werden soll.

Die Verkündung muß durch Vorlesung der Urtheilsformel geschehen; nur Versäumnißurtheile können verkündet werden, ohne daß die Urtheilsformel schon schriftlich abgefaßt ist. Die Verkündung auch der Entscheidungsgründe hängt vom Ermessen des Gerichtes ab und kann dann durch Vorlesung oder durch mündliche Mittheilung des wesentlichen Inhaltes geschehen.

Ein Urtheil, welches bei der Verkündung noch nicht vollständig abgefaßt war, muß vor Ablauf der nächsten Woche dem Gerichtsschreiber vollständig abgefaßt übergeben werden. Dieser hat auf demselben den Tag der Verkündung zu vermerken und diesen Vermerk zu unterschreiben. Ferner hat er ein Verzeichniß der verkündeten und unterschriebenen Urtheile zu führen, welches an voraus bestimmten Wochentagen mindestens je eine Woche lang in der Gerichtsschreiberei auszuhängen ist. Von dem Tage dieses Aushanges an läuft die einwöchige Frist für den Antrag auf Berichtigung des Thatbestandes.

Wäre in einem Endurtheil ein Haupt- oder Nebenanspruch, über welchen nach dem Thatbestand eine Partei die Entscheidung beantragt hat, oder der Kostenpunkt, über den auch ohne Antrag zu erkennen ist, übergangen, so könnte die nachträgliche Ergänzung des Urtheils beantragt werden. Dieser Antrag muß aber innerhalb einer Woche von der Zustellung des Urtheils an gestellt werden.

Die Zustellung des Urtheils ist ferner eine nothwendige Vorbedingung für die Zwangsvollstreckung und für den Lauf der Berufungsfrist. Und zwar kann keine Partei mit Wirksamkeit Berufung einlegen, bevor von ihr selbst oder von Seite des Gegners die Berufungsfrist durch die Zustellung des Urtheils in Lauf gebracht ist. Will also z. B. der Kläger Berufung einlegen, so muß er, wenn ihm nicht vorher der Beklagte das Urtheil hat zustellen lassen, dieses seinerseits vor oder gleichzeitig mit der Einlegung der Berufung thun. Doch wird dadurch, daß eine Partei der anderen das Urtheil zustellen läßt, die Berufungsfrist immer für beide zugleich in Lauf gesetzt.

Die Zustellung geschieht ganz in derselben Weise, wie diejenige der vorbereitenden Schriftsätze, also so, daß der Anwalt der betreibenden Partei dem Anwalte des Gegners eine Abschrift des Urtheils entweder durch einen Gerichtsvollzieher oder durch die Post oder endlich ganz formlos von Anwalt zu Anwalt gegen schlichte Empfangsbescheinigung übergeben läßt.

Von dem bisher dargestellten landgerichtlichen Verfahren unterscheidet sich das amtsgerichtliche theils durch die größere Formlosigkeit, theils durch die weitergehenden Befugnisse des Amtsrichters, — was beides mit dem Wegfall des Anwaltszwanges eng zusammenhängt. Die Parteien brauchen keinen Anwalt anzunehmen; sie dürfen es aber thun, und diejenige Partei, welche überhaupt auf Erstattung der Proceßkosten Anspruch hat, darf dabei stets auch die Kosten Eines Rechtsanwaltes berechnen. Unter diesen Umständen wird gewiß auch im amtsgerichtlichen Verfahren die Vertretung durch Rechtsanwälte zur Regel werden. Sie ist den Parteien in ihrem eigenen wohlverstandenen Interesse dringend zu empfehlen und liegt zugleich im Interesse der ohnehin mit Geschäften nahezu überhäuften Amtsgerichte. Will aber eine Partei einen Anwalt annehmen, so ist sie an die bei dem Proceßgerichte zugelassenen Rechtsanwälte nicht gebunden, sondern kann jedem bei einem deutschen Gerichte zugelassenen Rechtsanwalte die Proceßvollmacht geben. Will sie keinen Anwalt annehmen, so kann sie entweder ihre Sache selbst führen mit oder ohne Hülfe eines Beistandes oder sich durch irgend eine andere proceßfähige Person (also sogar eine Frauensperson) als Bevollmächtigten vertreten lassen. Personen, welche das mündliche Verhandeln vor Gericht geschäftsmäßig betreiben, können jedoch sowohl als Bevollmächtigte wie als Beistände vom Gerichte zurückgewiesen werden. Erscheint für die Partei ein Stellvertreter, sei er Rechtsanwalt oder nicht, so ist die Legitimation zum Processe immer von Amtswegen zu prüfen. (Im landgerichtlichen Verfahren wird nur die Legitimation der gesetzlichen Vertreter von Amtswegen geprüft, nicht aber diejenige des bevollmächtigten Rechtsanwaltes.)

Die Klage kann in der nämlichen Form wie im landgerichtlichen Verfahren, also durch Zustellung einer Klageschrift, erhoben werden, und, wenn der Kläger einen Rechtsanwalt angenommen hat, wird dieses stets geschehen. Dabei ist nur zu beachten, daß im amtsgerichtlichen Verfahren die Zustellungen auch durch Vermittelung des Gerichtsschreibers geschehen können, und daß dieses als der Wille der Partei gilt, wenn letztere nicht ausdrücklich erklärt hat, daß sie die Zustellung selbst besorgen wolle. Fehlt es daher an einer solchen Erklärung, so hat der Gerichtsschreiber nach erfolgter Terminsbestimmung die Zustellung ohne Weiteres zu besorgen in der Weise, daß er entweder einen Gerichtsvollzieher mit der unmittelbaren Zustellung an den Beklagten, oder einen Gerichtsvollzieher wegen Zustellung durch die Post beauftragt, oder endlich, und das wird als das Einfachste die Regel sein, die Post unmittelbar um die Zustellung angeht.

Die Klage kann aber auch mündlich vor dem Gerichtsschreiber zu Protokoll erklärt werden, der dabei in vielen Fällen die Rolle des Anwaltes wird spielen müssen. Nach erfolgter Terminsbestimmung besorgt dann der Gerichtsschreiber wiederum die Zustellung des Klageprotokolls an den Beklagten in der angegebenen Art, wenn nicht der Kläger erkärt hat, sie selbst besorgen zu wollen.

Die Einlassungsfrist beträgt in beiden Fällen drei Tage, wenn die Zustellung im Amtsgerichtsbezirke selbst, eine Woche, wenn sie außerhalb desselben im Deutschen Reiche geschieht; in Meß- und Marktsachen beträgt sie 24 Stunden.

Neben den beiden genannten Wegen können aber die Parteien in gegenseitigem Einverständnisse auch noch einen dritten einschlagen. Sie können nämlich ohne vorgängige Ladung und Terminsbestimmung an einem ordentlichen Gerichtstage zur Verhandlung der Sache vor Gericht erscheinen. Die Erhebung der Klage mit den Wirkungen der Rechtshängigkeit geschieht dann durch den mündlichen Vortrag derselben. Die Betretung dieses Weges ist jedoch weder für das Gericht wünschenswerth, noch auch, da sie regelmäßig zu Vertagungen Anlaß gibt, für die Parteien empfehlenswerth. In Hannover ist davon niemals Gebrauch gemacht worden.

Endlich kann Derjenige, der eine Klage zu erheben gedenkt, seinen Gegner unter Angabe des Gegenstandes seines Anspruches zum Zwecke eines Sühneversuches vor dasjenige Amtsgericht laden, bei welchem der Gegner seinen allgemeinen Gerichtsstand hat. Die Ladung kann, wie die Klage, schriftlich eingereicht oder vor dem Gerichtsschreiber zu Protokoll erklärt werden. Auch in Ansehung der Zustellung gelten die gleichen Grundsätze, wie in Ansehung der Zustellung der Klage. Erscheinen beide Parteien und kommt ein Vergleich zu Stande, so wird er zu Protokoll festgestellt, und es kann daraus die Zwangsvollstreckung stattfinden. Kommt kein Vergleich zu Stande, so wird, wenn beide Parteien dies beantragen, der Rechtsstreit sofort verhandelt, selbst wenn er an sich zur Zuständigkeit der Landgerichte gehört. Die Zuständigkeit des Amtsgerichtes ist dann durch Prorogation begründet. Die Erhebung der Klage mit den Wirkungen der Rechtshängigkeit liegt auch hier in dem mündlichen Vortrage derselben. Erscheint der Gegner nicht, oder bleibt der Sühneversuch ohne Erfolg, so werden die erwachsenen Kosten als Theil der allgemeinen Proceßkosten behandelt.

Schon aus dem Gesagten ergibt sich, daß im amtsgerichtlichen Verfahren eine Vorbereitung der mündlichen Verhandlung durch Schriftsätze nicht nothwendig ist. Doch wird zur Vermeidung von Vertagungen und sonstigen Verzögerungen der Wechsel vorbereitender Schriften sehr empfehlenswerth sein und, wenn beide Parteien Anwälte angenommen haben, gewiß niemals unterbleiben. Es kann dabei das gleiche Verfahren eingehalten werden wie im landgerichtlichen Processe; auch die Zustellung von Anwalt zu Anwalt ist zulässig, vorausgesetzt daß jede Partei einen Anwalt hat. Außerdem kann der Gerichtsschreiber wegen der Zustellung angegangen werden. Ferner können gleich der Klage auch die vorbereitenden Schriften vor dem Gerichtsschreiber zu Protokoll erklärt werden, und dieser hat dann wieder ohne Weiteres für die Zustellung zu sorgen, wenn nicht die Partei diese sich selbst vorbehalten hat. Endlich können aber die wechselseitigen vorbereitenden Mittheilungen ganz formlos und unmittelbar von Partei zu Partei geschehen, also namentlich im Wege der Privatcorrespondenz, — das Einfachste und Wohlfeilste, wenn die Parteien es über sich gewinnen können, in dieser Form mit einander zu verhandeln.

Die mündliche Verhandlung gestaltet sich im Wesentlichen gerade so wie im landgerichtlichen Processe; nur ist auch hier alles viel formloser, und ferner hat der Amtsrichter ein ausgedehnteres Fragerecht. Er soll es nicht bloß ausüben, um eine erschöpfende Erörterung der Sache zu erzielen, sondern auch um die Stellung sachdienlicher Anträge von Seite der Parteien herbeizuführen. Er wird also, wenn die Parteien nicht durch Anwälte vertreten sind, nicht selten in die Lage kommen, die doppelte Rolle zugleich des Anwaltes und des Richters zu spielen.

Hieraus erhellt schon, daß die Verhandlung nicht nothwendig mit der Stellung der Anträge beginnen muß; auch brauchen die letzteren nicht schriftlich und durch Verlesung gestellt zu werden.

Ferner brauchen proceßhindernde Einreden nicht gleichzeitig und vor der Verhandlung zur Hauptsache vorgebracht zu werden. Eine Ausnahme macht nur die Einrede der Unzuständigkeit des Gerichtes. Diese muß vor der Verhandlung zur Hauptsache geltend gemacht werden, weil sonst eine stillschweigende Prorogation des Amtsgerichtes anzunehmen wäre. Auf seine sachliche Unzuständigkeit muß der Amtsrichter den Beklagten vor dem Beginn seiner Verhandlung zur Hauptsache aufmerksam machen. Jedenfalls darf aber der Beklagte auf Grund proceßhindernder Einreden die Verhandlung zur Hauptsache nicht verweigern; es hängt vielmehr lediglich vom Ermessen des Gerichtes ab, eine abgesonderte Verhandlung darüber anzuordnen.

Kommt der Amtsrichter in die Lage, seine sachliche Unzuständigkeit auszusprechen, so muß er auf Antrag des Klägers den Rechtsstreit zugleich an das Landgericht verweisen; die Kosten des bisherigen Verfahrens fallen aber auch in diesem Fall dem Kläger zur Last. Tritt die sachliche Unzuständigkeit des Amtsgerichtes erst nachträglich ein, sei es dadurch, daß durch Widerklage oder durch Erweiterung des Klageantrages ein Anspruch erhoben wird, der zur Zuständigkeit der Landgerichte gehört, sei es dadurch, daß durch sogenannte Incident-Feststellungsklage die Feststellung eines die Entscheidung bedingenden Rechtsverhältnisses beantragt wird, wofür die Landgerichte zuständig sind: so kann jede Partei eine solche Verweisung an das Landgericht begehren. Die bisherigen Kosten werden dann zu den allgemeinen Proceßkosten geschlagen. In allen Fällen solcher Verweisung gilt, sobald das verweisende Urtheil rechtskräftig geworden ist, der Rechtsstreit als bei dem Landgerichte anhängig.

Was die Protokollirung des Parteivorbringens angeht, so müssen Anerkenntnisse, Verzichtleistungen und Vergleiche, durch welche der geltend gemachte Anspruch ganz oder theilweise erledigt wird, auch im amtsgerichtlichen Verfahren immer von Amtswegen durch das Sitzungsprotokoll festgestellt werden. Ferner sind Geständnisse sowie die Erklärungen über Annahme oder Zurückschiebung zugeschobener Eide auf Antrag, und zwar immer sogleich in dem betreffenden Termin, zu protokolliren. Im Uebrigen dürfen Anträge und Erklärungen der Parteien erst am Schlusse derjenigen mündlichen Verhandlung protokollirt werden, auf welche das Urtheil oder ein Beweisbeschluß ergeht, und zwar werden sie nur insoweit protokollirt, als dieses dem Amtsrichter angemessen erscheint. Angesichts dieser Vorschriften entsteht freilich die Frage, wie es bei Unterbrechung der Verhandlung, weil eine Partei sich auf das Vorbringen der anderen nicht sogleich erklären konnte, sich erreichen lasse, daß die Partei wenigstens im nächsten Termin eine Erklärung abzugeben im Stande sei. Das beste Auskunftsmittel wird hier das von Meyer empfohlene sein, daß der Amtsrichter der Partei räth, ihre Erklärung nach dem Schlusse des Termins vor dem Gerichtsschreiber zu Protokoll zu geben, damit der Gegner sich in dem nächsten Termin besser darauf erklären könne. Außerdem und wohl noch mehr wird es sich empfehlen, der Partei, welche nicht durch einen Rechtsanwalt vertreten war, die Annahme eines solchen anzurathen.

In Ansehung einer etwa erforderlichen Beweisaufnahme gelten die nämlichen Regeln wie im landgerichtlichen Verfahren; nur kann natürlich von einer Beweisaufnahme durch einen beauftragten Richter keine Rede sein. Und ferner wird sich, wenn die Beweisaufnahme durch einen ersuchten Richter erfolgt ist, die Vorschrift, daß die Parteien das Ergebniß derselben bei der Fortsetzung der Verhandlung vortragen sollen, in dem Fall, wenn die Parteien nicht durch Rechtsanwälte vertreten sind, schwer durchführen lassen. Dieser Vortrag wird also in solchem Fall zu einer bloßen, leeren Form werden, und der Amtsrichter wird sich selbst aus den Protokollen über die Beweisverhandlungen die nöthige Information verschaffen müssen.

Hinsichtlich des Urtheils endlich bestehen ganz und gar keine Abweichungen von den Regeln des landgerichtlichen Verfahrens.

Ich bin bisher überall von der normalen Voraussetzung ausgegangen, daß in dem zur mündlichen Verhandlung bestimmten Termin beide Parteien erscheinen und verhandeln. Es ist aber jetzt noch die Frage zu erörtern, wie sich das Verfahren gestaltet, wenn eine Partei einen solchen Termin versäumt, was im Anwaltsprocesse auch dann der Fall ist, wenn zwar die Partei selbst, aber nicht ihr Anwalt erscheint. Das Contumacial- oder, wie das Gesetzbuch sagt, Versäumnißverfahren der Civilproceßordnung ist eine ganz neue Schöpfung, welche bei der Durchführung im Einzelnen manche Schwierigkeiten macht.

Die erste Vorbedingung desselben ist Einseitigkeit der Versäumniß. Bleiben beide Parteien aus, so ruht das Verfahren, bis eine Partei die andere von Neuem zur Verhandlung ladet. Ferner aber kann es auch nur dann zum Versäumnißverfahren kommen, wenn die Versäumniß des Verhandlungstermins von Seite der einen Partei eine vollständige ist, sei es, daß sie in demselben gar nicht erscheint, sei es, daß sie zwar erscheint, aber jede Verhandlung unterläßt oder verweigert. Wenn die Partei zwar verhandelt, ihre Verhandlung aber an Unvollständigkeit leidet, indem sie die Erklärung über Thatsachen, Urkunden oder Eideszuschiebungen unterläßt: so treten nur die besonderen nachtheiligen Folgen ein, welche das Gesetz an solche Unterlassungen knüpft, das Urtheil aber ergeht als contradictorisches. Dagegen ist es nach den Grundsätzen der Civilproceßordnung, wonach bei jeder Unterbrechung der Verhandlung das bisher Verhandelte seine juristische Bedeutung verliert, jede neue Verhandlung daher juristisch gleichsam wieder als die erste erscheint und diejenige Verhandlung, welche dem Urtheil unmittelbar vorausgeht, die für die Entscheidung allein maßgebende ist, — nach diesen Grundsätzen ist es gleichgültig, ob gleich der erste Verhandlungstermin versäumt wird, oder erst ein späterer, auf den die Verhandlung vertagt oder der zur Fortsetzung derselben bestimmt ist, sei es vor oder nach der Erlassung eines Beweisbeschlusses. Wenn also bereits in mehreren Terminen contradictorisch über die Sache verhandelt worden ist und vielleicht nur noch ein ganz unbedeutender Punkt, etwa eine einzelne Rechtsfrage, vor der Entscheidung zu erörtern ist, so ergeht gegen diejenige Partei, welche in dem dazu bestimmten letzten Verhandlungstermin ausbleibt, ein Versäumnißurtheil ganz ebenso und von ganz gleichem Inhalte, wie wenn sie den allerersten Verhandlungstermin versäumt hätte. Die Seltsamkeit und Härte, welche hierin zu liegen scheint, wird dadurch gemildert, daß jedes Versäumnißurtheil sehr leicht, durch einfachen Einspruch, wieder beseitigt werden kann.

Die Versäumniß des Klägers wird von dem Gesetzbuche nach Maßgabe der Annahme behandelt, daß er auf seinen Anspruch verzichten wolle, die Versäumniß des Beklagten nach Maßgabe derjenigen, daß er auf jede Vertheidigung gegen die vom Kläger angeführten Thatsachen verzichten wolle, — also nicht, daß er den Anspruch des Klägers anerkenne, eine Ungleichheit, für die kaum ein genügender Grund besteht.

Demnach wird, wenn der Kläger einen Verhandlungstermin versäumt, auf Antrag des erschienenen Beklagten ohne Weiteres und ohne jede sachliche Prüfung ein Versäumnißurtheil dahin erlassen, „daß der Kläger mit der Klage abzuweisen sei" (die gesetzliche Formel für die definitive Abweisung der Klage). Versäumt der Beklagte einen solchen Termin, so werden, wenn der erschienene Kläger ein Versäumnißurtheil beantragt, die von dem letzteren mündlich vorgebrachten Thatsachen als zugestanden angenommen und nach dieser Maßgabe wird die Berechtigung des Klageantrages geprüft. So weit er danach als begründet erscheint, wird dem entsprechend erkannt; so weit er nicht als begründet erscheint, wird die Klage, je nach Umständen definitiv oder einstweilig, abgewiesen. Auf Einreden, welche der Beklagte etwa in einem früheren Termin geltend gemacht hat, wird keine Rücksicht genommen. Eine einstweilige Abweisung der Klage muß namentlich auch dann ausgesprochen werden, wenn das Gericht sich nach Maßgabe der gesetzlichen Vorschriften unzuständig findet; denn eine stillschweigende Vereinbarung über die Zuständigkeit wird in dem Ausbleiben des Beklagten nicht erblickt. Gleiche Grundsätze gelten in Ansehung der Widerklage; nur ist zu beachten, daß diese nicht schon durch die Zustellung des vorbereitenden Schriftsatzes, worin sie angekündigt ist, erhoben wird, sondern erst durch die Geltendmachung in der mündlichen Verhandlung. Daher kann zwar beim Ausbleiben des Klägers der Beklagte die (vorher rechtzeitig angekündigte) Widerklage erheben und demgemäß Versäumnißurtheil gegen den Kläger auch in

Ansehung der letzteren beantragen. Dagegen kann beim Ausbleiben des Beklagten der Kläger Abweisung der Widerklage durch Versäumnißurtheil nur dann verlangen, wenn dieselbe bereits in einem früheren Verhandlungstermin durch mündlichen Vortrag erhoben war.

Ein zuvor ergangenes Theilurtheil wird, weil dadurch, soweit es reicht, der Rechtsstreit vollständig erledigt und abgeschlossen ist, durch ein späteres Versäumnißurtheil nicht berührt. Dagegen wird ein vorher ergangenes Zwischenurtheil bei Erlassung eines Versäumnißurtheils niemals beachtet. Und dies gilt sogar dann, wenn durch das Zwischenurtheil der Anspruch selbst schon als begründet anerkannt war und bloß noch über den Betrag verhandelt wurde. Auch in diesem Fall wird also der Kläger, wenn er ausbleibt, mit der Klage vollständig abgewiesen. Weitere Consequenzen sind z. B. folgende: Durch Zwischenurtheile ist festgestellt, daß die Einreden des Beklagten begründet seien, und es handelt sich in dem neuen Verhandlungstermin nur noch um den Beweis einer Replik. Dieser Beweis mißlingt, weil die von einem ersuchten Richter vernommenen Zeugen zu Ungunsten des Klägers ausgesagt haben. Gleichwohl ist der Beklagte, wenn er in dem Termin ausbleibt, dem Klageantrage gemäß zu verurtheilen. Oder der Beklagte hat sämmtliche Klagethatsachen zugestanden, seine Einreden sind sämmtlich durch Zwischenurtheile verworfen, und es soll in dem neuen Termin nur noch über Rechtsfragen verhandelt werden. Wenn der Kläger ausbleibt, so ist er mit seiner Klage abzuweisen, auch wenn die Richter sämmtlich die dem Kläger günstige Rechtsansicht hätten.

Das Versäumnißurtheil selbst ist immer ein Endurtheil mit Ausnahme des Falls, wenn der versäumte Termin bloß zur Verhandlung über einen Zwischenstreit unter den Parteien bestimmt war. In diesem Fall beschränkt sich nämlich das Versäumnißverfahren auf die Erledigung dieses Zwischenstreites, und das Versäumnißurtheil ergeht daher als Zwischenurtheil. Als Zwischenstreit wird aber im Sinn der Civilproceßordnung zu betrachten sein die Verhandlung über einen besonderen Streitpunkt, welcher den sachlichen Inhalt des Rechtsstreites, d. h. die erhobenen Ansprüche und die geltend gemachten Angriffs- oder Vertheidigungsmittel (Klagegründe, Einreden, Repliken ꝛc.) nicht unmittelbar betrifft, der aber gleichwohl als Stück des Rechtsstreites selbst erscheint, da von seiner Entscheidung das weitere Verfahren abhängig ist. Hierhin gehört z. B. die Verhandlung über die Vorlegung einer Urkunde, über die Echtheit einer solchen, über die Zulässigkeit eines Beweismittels, über eine Beweiseinrede ꝛc. Dagegen kann eine Verhandlung, welche unmittelbar den Anspruch selbst oder eines der geltend gemachten Angriffs- oder Vertheidigungsmittel zum Gegenstande hat, niemals als Zwischenstreit betrachtet werden. Und wenn daher z. B. das Gericht über eine einzelne Einrede die abgesonderte Verhandlung angeordnet hat und in dem dafür bestimmten Termin eine der Parteien ausbleibt, so ergeht nicht ein Versäumnißzwischenurtheil bloß über die Einrede, sondern ein Versäumnißendurtheil über den ganzen Rechtsstreit. Doch ist diese Ansicht keineswegs allgemein anerkannt.

Ein Versäumnißurtheil kann jedoch nicht unbedingt jedesmal erlassen werden, wenn eine Partei in dem Verhandlungstermin ausgeblieben ist oder die Verhandlung ablehnt, sondern der Antrag auf Erlassung eines Versäumnißurtheils muß in gewissen Fällen durch Beschluß zurückgewiesen werden. Nämlich:

1) wenn die erschienene Partei in Ansehung eines von Amtswegen zu berücksichtigenden Umstandes die vom Gerichte geforderte Nachweisung nicht beschaffen kann. So z. B. wenn der gesetzliche Vertreter der erschienenen Partei, oder wenn im amtsgerichtlichen Verfahren der Proceßbevollmächtigte derselben sich nicht ausreichend legitimiren kann.

2) wenn die nicht erschienene Partei nicht ordnungsmäßig, insbesondere nicht rechtzeitig geladen war, also z. B. und namentlich, wenn dem nicht erschienenen Beklagten die gesetzliche oder vom Vorsitzenden bestimmte Einlassungsfrist nicht frei gelassen war. Doch wird hier vorausgesetzt, daß es überhaupt einer Ladung bedurfte, was nicht der Fall ist, wenn der Termin durch verkündete gerichtliche Entscheidung bestimmt war, und natürlich eben so wenig, wenn die ausgebliebene Partei selbst den Gegner zu dem Termin geladen hatte.

3) wenn und soweit dem nicht erschienenen Beklagten oder Widerbeklagten Thatsachen, welche der erschienene Kläger oder Widerkläger mündlich vorbringt, oder Anträge, die er stellt, nicht rechtzeitig durch Schriftsätze mitgetheilt waren. Dieses gilt auch im amtsgerichtlichen Processe, wiewohl in demselben die Vorbereitung der mündlichen Verhandlung durch Schriftsätze an sich nicht vorgeschrieben ist. Jedoch wird naturgemäß eine Ausnahme zu machen sein in Ansehung solcher Thatsachen oder Anträge, auf welche der Beklagte wegen ihrer Vorbringung in früheren Terminen gefaßt sein mußte. Ferner aber ist natürlich auszunehmen der Antrag auf das Versäumnißurtheil selbst, auf welchen sich nach einer richtigen Auslegung des Gesetzes die Vorschrift vorgängiger Mittheilung an den Gegner überhaupt gar nicht bezieht.

In allen den Fällen, in welchen hienach der Antrag auf das Versäumnißurtheil zurückzuweisen ist, kann aber die er=

schienene Partei vor oder nach dieser Zurückweisung die Vertagung der Verhandlung beantragen. Das Gericht kann anstatt der Erlassung des beantragten Versäumnißurtheils die Verhandlung von Amtswegen vertagen, wenn nach seinem Dafürhalten die von dem Vorsitzenden bestimmte Einlassungs- oder Ladungsfrist zu kurz bemessen oder die ausgebliebene Partei durch Naturereignisse oder andere unabwendbare Zufälle am Erscheinen verhindert worden ist. In allen genannten Fällen der Vertagung muß die nicht erschienene Partei von der erschienenen zu dem neuen Termin geladen werden.

Die Partei, auf deren Antrag das Versäumnißurtheil ergangen ist, muß es dem Gegner (d. h. seinem Proceßbevollmächtigten, wenn ein solcher bestellt ist) zustellen lassen, nicht nur wenn sie selbst gegen das Urtheil Berufung einlegen will (wie z. B. der Kläger, wenn durch das von ihm beantragte Versäumnißurtheil die Klage abgewiesen ist), sondern auch wenn sie die Rechtskraft des Urtheils herbeiführen will. Denn die Partei, gegen welche ein Versäumnißurtheil erlassen ist, kann es einfach dadurch wieder beseitigen, daß sie bei dem Gerichte, von dem es erlassen ist, innerhalb einer Nothfrist von zwei Wochen Einspruch dagegen einlegt, und diese Nothfrist läuft erst von der Zustellung des Versäumnißurtheils an. Die genannte Partei hat aber freilich gegen das Urtheil auch nur den Einspruch und nicht die Berufung.

Die Einlegung des Einspruches geschieht in ähnlicher Weise wie die Erhebung der Klage. Im landgerichtlichen Verfahren also immer durch Zustellung eines Schriftsatzes, welcher die Bezeichnung des Urtheils, die Erklärung des Einspruches und die Ladung des Gegners zur mündlichen Verhandlung über die Hauptsache enthalten muß, außerdem aber Alles enthalten soll, was zur Vorbereitung der Verhandlung über die Hauptsache erforderlich ist. Einer Anführung von Entschuldigungsgründen der Versäumniß bedarf es nicht; dadurch unterscheidet sich der Einspruch sehr wesentlich von einem Restitutionsgesuche. Im amtsgerichtlichen Verfahren kann der Einspruch auch vor dem Gerichtsschreiber zu Protokoll erklärt werden; die Einlegung des Einspruches liegt aber juristisch auch hier erst in der Zustellung des Protokolls an den Gegner.

Ist Einspruch gegen ein Versäumnißurtheil eingelegt, so hat das Gericht, gleichwie bei der Einlegung von Rechtsmitteln, nach vorgängiger mündlicher Verhandlung von Amtswegen zu prüfen, ob der Einspruch gegen das Urtheil überhaupt statthaft, und ob er in der gesetzlichen Form und Frist eingelegt ist. Fehlt es an einem dieser Erfordernisse, so ist er durch Endurtheil als „unzulässig" zu verwerfen. Ist dagegen der Einspruch zulässig, so wird der Proceß in die Lage zurückversetzt, in welcher er sich vor dem Eintritte der Versäumniß befand, und es wird also alles so behandelt, als ob das Versäumnißurtheil gar nicht ergangen wäre. Namentlich leben auch die Zwischenurtheile wieder auf, die durch das Versäumnißurtheil in Wegfall gekommen waren. Soweit die Entscheidung, welche auf Grund der neuen Verhandlung zu erlassen ist, mit dem Versäumnißurtheil übereinstimmt, wird in dem neuen Urtheil die Aufrechterhaltung desselben ausgesprochen; soweit sie mit dem Versäumnißurtheil nicht übereinstimmt, wird in dem neuen Urtheil seine Aufhebung ausgesprochen. War aber das Versäumnißurtheil in gesetzlicher Weise ergangen, so sind die durch die Versäumniß veranlaßten Kosten, soweit sie nicht durch unbegründeten

Widerspruch des Gegners entstanden sind, der säumigen Partei auch dann aufzuerlegen, wenn in Folge des Einspruches eine abändernde Entscheidung zu ihren Gunsten ergeht.

Wenn die Partei, welche den Einspruch eingelegt hat, in dem ersten zur mündlichen Verhandlung bestimmten Termin oder in dem Termin, auf welchen die (noch nicht begonnene) Verhandlung vertagt ist, nicht erscheint oder nicht zur Hauptsache verhandelt, so wird auf Antrag des Gegners der Einspruch durch ein neues Versäumnißurtheil verworfen. Gegen dieses ist dann ein weiterer Einspruch nicht zulässig, sondern bloß die Berufung, aber auch letztere bloß aus dem Grunde, weil gar keine Versäumniß vorgelegen habe (z. B. weil der Gerichtsschreiber, durch dessen Vermittelung im amtsgerichtlichen Verfahren die Einlegung des Einspruches erfolgt ist, vergessen hatte, der Partei selbst die Zustellungsurkunde vor dem bestimmten Verhandlungstermin zukommen zu lassen).

Wenn dagegen die Partei, die den Einspruch eingelegt hat, in einem Verhandlungstermin erschienen war und verhandelt hatte, sodann aber einen zur Fortsetzung der Verhandlung bestimmten Termin versäumt, so steht ihr wider das deshalb gegen sie erlassene Versäumnißurtheil der Einspruch wieder zu (nach den Grundsätzen der Civilproceßordnung schwerlich consequent). Jedoch ist, um Mißbräuche zu verhüten, jedes zweite oder fernere Versäumnißurtheil, welches zur Hauptsache in derselben Instanz und gegen dieselbe Partei ergeht, von Amtswegen für vorläufig vollstreckbar zu erklären.

IV.

Ich will heute zunächst in aller Kürze von den besonderen Arten des Verfahrens reden.

Es sind hier zu unterscheiden die besonderen Arten des Verfahrens für vermögensrechtliche und die besonderen Arten des Verfahrens für nicht vermögensrechtliche Processe.

Von den ersten kommt zuvörderst das vorbereitende Verfahren in Rechnungssachen, Auseinandersetzungen und ähnlichen Processen in Betracht. In Sachen dieser Art, z. B. bei Streitigkeiten über die Richtigkeit einer aus vielen einzelnen Posten bestehenden Rechnung, oder bei Auseinandersetzungen zwischen Verpächter und Pächter eines größeren Gutes, Nachlaßregulirungen und dgl., handelt es sich nicht selten um eine große Zahl von einzelnen Streitpunkten, die sich in der mündlichen Verhandlung schwer übersehen und überhaupt nicht füglich vor einem Collegium verhandeln lassen. Daher kann, wenn ein solcher Proceß vor einem Landgerichte anhängig ist, das Gericht ein vorbereitendes Verfahren vor einem beauftragten Richter anordnen. Das Verfahren gestaltet sich dann zu einem von der Eventualmaxime beherrschten schriftlichen Verfahren mit mündlicher

Schlußverhandlung. Der Richtercommissar hat das gesammte thatsächliche Material des Processes schriftlich und endgültig festzustellen, so daß für die mündliche Verhandlung vor dem Collegium selbst nur die Erörterung der Rechtsfragen und die Entscheidung übrig bleibt.

Praktisch viel wichtiger als das hiemit angedeutete vorbereitende Verfahren sind der Urkunden- und Wechselproceß und das Mahnverfahren.

Der Urkundenproceß entspricht dem gemeinrechtlichen Executivprocesse und soll Demjenigen, der seinen Anspruch durch Urkunden beweisen kann, in schleunigem Wege ein vollstreckbares Urtheil verschaffen. Er ist aber nur zulässig für Ansprüche auf Zahlung einer bestimmten Geldsumme oder auf Leistung einer bestimmten Menge anderer vertretbarer Sachen oder Werthpapiere. Wer im Urkundenprocesse klagen will, muß sämmtliche zur Begründung des Anspruches erforderliche Thatsachen durch Urkunden beweisen und diese schon der Klage in Abschrift beifügen; sonst wird dieselbe als im Urkundenproceß unstatthaft (jedoch erst nach mündlicher Verhandlung) abgewiesen. Im Uebrigen, und also in Rücksicht auf Einreden, Repliken, Dupliken sowie auf die Echtheit von Urkunden, sind im Urkundenproceß als Beweismittel nur Urkunden oder Eideszuschiebung zulässig. Wenn der erhobene Anspruch als begründet erscheint und der Kläger auch allen Erfordernissen des Urkundenprocesses Genüge geleistet hat, der Beklagte dagegen zwar dem Anspruche widersprochen, aber keine sachlich gegründeten oder keine durch Urkunden oder Eideszuschiebung bewiesene Einreden oder Dupliken vorgebracht hat: so wird der Beklagte verurtheilt, jedoch mit Vorbehalt der Ausführung seiner Rechte. Dieses Urtheil kann gleich einem vorbehaltlosen Endurtheil durch Rechtsmittel angefochten werden und ist von Amtswegen für vorläufig vollstreckbar zu erklären. Der Proceß aber setzt sich gleichwohl im ordentlichen Verfahren fort, und beide Parteien haben jetzt hinsichtlich der Geltendmachung neuer Angriffs-, Vertheidigungs- und Beweismittel die volle Freiheit, wie wenn von vornherein im ordentlichen Verfahren verhandelt worden wäre. Soweit sich in diesem fortgesetzten Verfahren der Anspruch des Klägers als unbegründet herausstellt, ist das frühere Urtheil aufzuheben, der Kläger abzuweisen und zur vollen oder theilweisen Erstattung der Kosten zu verurtheilen, auf Antrag des Beklagten auch zur Erstattung Dessen, was dieser auf Grund des Urtheils gezahlt oder sonst geleistet hat.

Eine bloße Abart des Urkundenprocesses ist der Wechselproceß. Er unterscheidet sich von jenem nur durch einige besondere Regeln in Betreff der örtlichen Zuständigkeit und durch eine abgekürzte Einlassungsfrist.

Das Mahnverfahren steht dem bedingten Mandatsprocesse des gemeinen Proceßrechtes am nächsten. Es soll unstreitige Ansprüche auf Geld oder auf andere vertretbare Sachen oder Werthpapiere im kürzesten und wohlfeilsten Wege erledigen. Es besteht im Allgemeinen darin, daß auf einseitiges und ganz formloses Gesuch des Gläubigers ein bedingter Zahlungsbefehl an den Schuldner erlassen wird, d. h. ein Befehl, innerhalb zweier Wochen entweder den Gläubiger zu befriedigen oder bei dem Gerichte Widerspruch zu erheben. Ist der Widerspruch nicht rechtzeitig erfolgt, so wird ohne sachliche Prüfung dem Zahlungsbefehl ein Vollstreckungsbefehl beigefügt, auf dessen Grund ohne Weiteres die Zwangsvollstreckung stattfinden kann, und der überhaupt rechtlich einem für vorläufig vollstreckbar erklärten

Versäumnißurtheil gleichsteht. Wird dagegen rechtzeitig oder doch noch vor der Vollstreckbarkeitserklärung Widerspruch gegen den Zahlungsbefehl erhoben, so verliert dieser als solcher seine Kraft und behält nur die Wirkungen einer Klageerhebung. Im Uebrigen tritt anstatt des Mahnverfahrens jetzt das ordentliche Verfahren ein. Für das Mahnverfahren sind immer und ohne Rücksicht auf die Höhe des Anspruches nur die Amtsgerichte zuständig.

Unter den besonderen Arten des Verfahrens, welche sich auf vermögensrechtliche Ansprüche beziehen, wäre an sich auch noch der Arrestproceß zu nennen. Er hängt jedoch so eng mit der Zwangsvollstreckung zusammen, daß er erst in Verbindung mit dieser behandelt werden kann.

Die besonderen Arten des Verfahrens für nicht vermögensrechtliche Angelegenheiten sind das Verfahren in Ehesachen und das Verfahren in Entmündigungssachen. Beide unterscheiden sich schon dadurch in bemerkenswerther Weise von allen anderen Civilproceßsachen, daß bei ihnen eine Mitwirkung der Staatsanwaltschaft stattfindet.

Unter Ehesachen versteht die Civilproceßordnung diejenigen Rechtsstreitigkeiten, welche die Scheidung, Ungültigkeit oder Nichtigkeit einer Ehe oder die Herstellung des ehelichen Lebens zum Gegenstande haben. Die Scheidung: d. h. die Auflösung der Ehe oder die zeitweilige Trennung von Tisch und Bett, die Ungültigkeit: d. h. die Anfechtung der Ehe wegen eines trennenden aber privaten Ehehindernisses, wie z. B. Betruges, die Nichtigkeit: d. h. die Anfechtung wegen eines trennenden öffentlichen Ehehindernisses, wie z. B. zu naher Verwandtschaft.

Alle Ehesachen sind in erster Instanz den Landgerichten (ohne Zulässigkeit der Prorogation auf ein Amtsgericht) zugewiesen. Ferner ist jedesmal dasjenige Landgericht, bei welchem der Ehemann seinen allgemeinen Gerichtsstand hat, ausschließlich zuständig.

Die Nichtigkeitsklage kann auch von der Staatsanwaltschaft erhoben werden. In allen Ehesachen aber ist der Staatsanwalt von allen Terminen in Kenntniß zu setzen, kann allen Verhandlungen beiwohnen, sich gutachtlich über die zu erlassende Entscheidung äußern und zu Gunsten der Aufrechterhaltung einer Ehe neue Thatsachen und Beweismittel vorbringen. Zu Gunsten der Aufrechterhaltung einer Ehe kann das Gericht auch von Amtswegen Thatsachen berücksichtigen, die von den Parteien nicht vorgebracht sind, und die Aufnahme von Beweisen anordnen. Die Parteien können zum persönlichen Erscheinen angehalten werden bei Vermeidung der Nachtheile, die einen ausbleibenden Zeugen treffen. Die Vorschriften über die Wirkung von gerichtlichen Geständnissen, über die Erlassung von Eiden, und manche andere der gewöhnlichen Grundsätze des Civilprocesses, welche wie jene den Ausgang des Processes von der Willkür der Parteien abhängig machen würden, bleiben außer Anwendung. Ebenso, aus gleicher Rücksicht, die gewöhnlichen Regeln des Versäumnißverfahrens.

Der Ehescheidungsklage und der Klage auf Herstellung des ehelichen Lebens muß ein Sühneversuch bei dem Amtsgerichte vorausgehen, zu welchem die Parteien persönlich erscheinen müssen.

Das Entmündigungsverfahren der Civilproceßordnung beruht auf einer eigenthümlichen Combination eines administrativen Verfahrens bei dem Amtsgerichte und eines unter Umständen sich anschließenden processualischen Verfahrens vor dem Landgerichte. Die Entmündigung wegen

Geisteskrankheit oder Verschwendung und ebenso ihre Wiederaufhebung wird nämlich immer zunächst durch einen amtsgerichtlichen Beschluß ausgesprochen auf Grund einer von Amtswegen geführten Untersuchung. Wenn aber dieser Beschluß die Entmündigung ausspricht oder ihre Aufhebung ablehnt, so kann er binnen Monatsfrist durch Klage vor dem Landgerichte angefochten werden. Dieses entscheidet dann nach vorgängiger mündlicher Verhandlung durch förmliches Urtheil, gegen welches die gewöhnlichen Rechtsmittel stattfinden. In diesem Verfahren finden aber, wie im Eheprocesse, die Grundsätze über die Wirkung von Geständnissen und dgl., sowie die gewöhnlichen Regeln des Versäumnißverfahrens keine Anwendung. Der Parteieid ist gänzlich ausgeschlossen.

Mit dieser ganz allgemeinen Charakterisirung der besonderen Arten des Verfahrens muß ich mich begnügen, nicht bloß weil eine eingehendere Darstellung zu viel Zeit erfordern würde, sondern auch weil ich sie in Rücksicht auf die Aufgabe dieser Vorträge nicht einmal für zweckmäßig halten könnte. Vielleicht darf ich mir wegen des Näheren eine Verweisung auf mein Lehrbuch des Reichs-Civilprocesses gestatten, worin gerade die besonderen Arten des Verfahrens mit verhältnißmäßiger Ausführlichkeit behandelt sind.

Ich wende mich nunmehr zu dem Rechtsmittelsystem der Civilproceßordnung, welches eine genauere Erörterung erfordern wird.

Unter Rechtsmitteln versteht das Gesetzbuch diejenigen processualischen Mittel, durch welche noch nicht rechtskräftig gewordene Entscheidungen vor einem höheren Gerichte angefochten werden können. Zu den Rechtsmitteln gehört demnach zuvörderst nicht die Wiedereinsetzung in den vorigen Stand gegen Versäumung einer Nothfrist, weil sie selbst die durch den Ablauf der Nothfrist rechtskräftig gewordene Entscheidung nicht ansicht, sondern nur die Anfechtung derselben durch ein anderes Mittel trotz des Ablaufes der Nothfrist ermöglichen soll. Ferner auch nicht der Einspruch, weil er nicht vor einem höheren Gerichte erhoben wird. Endlich aber auch nicht die den sogenannten außerordentlichen Rechtsmitteln des gemeinen Proceßrechtes entsprechende Nichtigkeitsklage und Restitutionsklage, weil sie sich gegen Urtheile wenden, die nach Maßgabe der gewöhnlichen Grundsätze bereits rechtskräftig sind. Somit bleiben als Rechtsmittel nur übrig die Berufung, die Revision und die Beschwerde: die Berufung und Revision zur Anfechtung von Endurtheilen, und zwar jene zur Anfechtung von Endurtheilen erster, diese zur Anfechtung von Endurtheilen zweiter Instanz; die Beschwerde dagegen als Mittel zur Anfechtung mannigfaltiger anderer Entscheidungen, die sich nicht auf einen gemeinsamen Begriff zurückführen lassen, sondern die nur das mit einander gemein haben, daß ihre verhältnißmäßig geringe Bedeutung möglichst einfache Formen für die Anfechtung und ihre Erledigung als angemessen erscheinen läßt.

Berufung ist statthaft gegen jedes Endurtheil erster Instanz, wohin auch ein Theilurtheil, ein durch Eidesleistung bedingtes Endurtheil, endlich dasjenige Endurtheil gehört, welches nach Leistung oder Verweigerung des Eides den Eintritt der dadurch bedingten Folgen ausspricht. Zwischenurtheile, Beweisbeschlüsse und andere dem Endurtheil vorausgehende Entscheidungen können nicht durch selbständige Berufung angefochten werden; jedoch werden durch die gegen das Endurtheil eingelegte Berufung stets auch alle ihm vorausgegangene Zwischenurtheile und sonstige Entscheidungen mit ergriffen, soweit sie nicht gänzlich unanfechtbar oder mit der Beschwerde anfechtbar sind. Ausnahmsweise stehen, wiewohl ihrer Natur nach nur Zwischenurtheile, in Ansehung der Anfechtbarkeit durch selbständige Berufung den Endurtheilen gleich: das Urtheil, welches eine proceßhindernde Einrede verwirft, das Urtheil, welches einen sowohl nach seinem Grund als nach seinem Betrage streitigen Anspruch für begründet erklärt, endlich das Urtheil, welches im Urkundenprocesse unter Vorbehalt der Rechte ergeht.

Ein Versäumnißurtheil kann, wie schon früher gesagt, von der Partei, gegen welche es erlassen ist, mit Berufung nur dann angefochten werden, wenn kein Einspruch statthaft ist; und auch dann kann die Berufung nur darauf gestützt werden, daß keine Versäumung vorhanden gewesen sei.

Die Berufung von dem Urtheil eines Amtsgerichtes geht an das vorgesetzte Landgericht (und zwar stets an eine Civilkammer desselben), die Berufung von dem Urtheil eines Landgerichtes an das vorgesetzte Oberlandesgericht.

Die Einlegung des Rechtsmittels muß innerhalb einer Nothfrist von einem Monate von der Zustellung des Urtheils an geschehen, kann aber auch nicht vor dieser Zustellung geschehen. Sie bringt den ganzen Rechtsstreit vor das Berufungsgericht und hindert die Rechtskraft des angefochtenen Urtheils seinem ganzen Umfange nach und zu Gunsten beider Parteien. Daher kann sich der Berufungsbeklagte der Berufung *anschließen*, d. h. eine Aenderung des angefochtenen Urtheils zu seinen Gunsten beantragen, selbst wenn die Berufungsfrist schon abgelaufen ist oder er auf die Berufung verzichtet hatte. Doch kann er ein gegen ihn ergangenes Versäumnißurtheil auch durch Anschließung an die Berufung nur insoweit anfechten, als er dies durch selbständige Berufung hätte thun können.

Das Verfahren in der Berufungsinstanz ist, weil es stets vor einem Collegialgerichte spielt, allemal Anwaltsproceß. Es kommt im Ganzen mit dem landgerichtlichen Verfahren in erster Instanz überein.

Die Einlegung der Berufung geschieht nicht, wie nach gemeinem Proceßrechte, durch Erklärung bei dem Gerichte, von dem das angefochtene Urtheil erlassen ist, sondern, wie die Klageerhebung, dadurch, daß der Berufungskläger dem Berufungsbeklagten die Berufungsschrift zustellen läßt. Sie muß von einem bei dem Berufungsgerichte zugelassenen Rechtsanwalte unterschrieben sein und, wenn die Wirkung der Einlegung der Berufung eintreten soll, die Bezeichnung des angefochtenen Urtheils, die Erklärung der Einlegung der Berufung und die Ladung des Berufungsbeklagten vor das Berufungsgericht zur mündlichen Verhandlung über die Berufung enthalten.

Mehr ist zur Wahrung der Nothfrist nicht nothwendig. Namentlich braucht also die Berufungsschrift nicht die Angabe der Beschwerden zu enthalten; eben so wenig die Bezeichnung der neuen Thatsachen und Beweismittel, welche der Berufungskläger geltend machen will; ja nicht einmal die Ankündigung der Berufungsanträge, d. h. Anträge auf Abänderung des Urtheils, die er stellen will. Zwar soll die Berufungsschrift auch diese Angaben machen, aber nur in der Eigenschaft als vorbereitender Schriftsatz. Daher ist erstens der Berufungskläger an diese Angaben bei der mündlichen Verhandlung nicht gebunden, was namentlich in Betreff der Berufungsanträge bemerkenswerth ist. Zweitens würde die Unterlassung gedachter Angaben nur eine Vertagung der mündlichen Verhandlung auf Kosten des Berufungsklägers nach sich ziehen. Drittens endlich kann sellst dieser Nachtheil durch rechtzeitige Zustellung eines Nachtrages zu der Berufungsschrift verhütet werden.

Die Berufungsschrift wird zunächst in der gewöhnlichen Weise bei dem Gerichtsschreiber des Berufungsgerichtes zur Terminsbestimmung eingereicht und sodann im Auftrage des Anwaltes des Berufungsklägers dem Berufungsbeklagten beziehungsweise dessen Anwalte durch einen Gerichtsvollzieher, oder durch die Post, oder von Anwalt zu Anwalt zugestellt. Der Gerichtsschreiber hat binnen 24 Stunden von der Einreichung der Berufungsschrift an von dem Gerichtsschreiber des Gerichtes erster Instanz die Proceßacten einzufordern.

Dem Berufungsbeklagten muß zwischen der Zustellung der Berufungsschrift und dem Verhandlungstermin, wie im landgerichtlichen Verfahren erster Instanz, eine Einlassungsfrist von einem Monat, in Meß- und Marktsachen von 24 Stunden frei bleiben. Innerhalb der ersten zwei Dritttheile derselben muß er, wiederum wie im landgerichtlichen Verfahren erster Instanz, dem Berufungskläger die von einem Rechtsanwalt unterschriebene Beantwortung der Berufung zustellen lassen, d. h. einen vorbereitenden Schriftsatz, der namentlich die Anträge angeben soll, die der Berufungsbeklagte stellen, und die neuen Thatsachen und Beweismittel, die er geltend machen will.

Die mündliche Verhandlung beginnt, wie im landgerichtlichen Verfahren erster Instanz, mit der Verlesung der Anträge der Parteien und verläuft auch sonst wesentlich in gleicher Weise wie jenes. Als wichtiger Unterschied von der gemeinrechtlichen Appellation ist namentlich zu bemerken, daß sich die Verhandlung keinesweges auf die Prüfung der Frage beschränkt, ob der erste Richter nach Maßgabe des ihm vorgelegenen Materials richtig entschieden habe, oder nicht, — ein Charakter der gemeinrechtlichen Appellation, mit welchem es zusammenhängt, daß in der Appellationsinstanz neue Thatsachen oder Beweismittel nur auf Grund des sogenannten Noveneides, d. h. im Wege der Restitution, geltend gemacht werden können. Sondern in der Berufungsinstanz wird, hierin übereinstimmend mit der Appellation des römischen Rechtes, der Rechtsstreit in thatsächlicher und rechtlicher Beziehung von Neuem verhandelt. Die Abweichungen von dem Verfahren in erster Instanz beruhen vornehmlich nur darauf, daß in der Berufungsinstanz das Urtheil der ersten Instanz angegriffen wird und daher die Anträge auf Abänderung desselben gehen. Hieraus folgt von selbst, daß dieses Urtheil den Ausgangspunkt für die Verhandlung bildet, daß aber ferner diese Verhandlung sich nur so weit erstreckt, als die beantragte Abänderung des Urtheils dies nothwendig macht. Wegen des Grundsatzes der Mündlichkeit ist es Sache der Parteien, das Urtheil nebst den Entscheidungsgründen, den vorausgegangenen Entscheidungen und den Beweisverhandlungen so weit vorzutragen, als dieses zum Verständniß der Berufungsanträge und zur Prüfung ihrer Rechtfertigung erforderlich ist. Die Richtigkeit und Vollständigkeit dieses Vortrages hat der Vorsitzende durch Ausübung seines Fragerechtes herbeizuführen. Uebrigens können die Parteien bis zum Schlusse derjenigen mündlichen Verhandlung, auf welche das Urtheil ergeht, ihre Anträge beliebig verändern. Als Gegengewicht hiegegen kann aber jede Partei verlangen, daß das Urtheil erster Instanz, soweit es durch die in einer mündlichen Verhandlung gestellten Berufungsanträge nicht angefochten ist, sofort für vorläufig vollstreckbar erklärt werde.

Zur Rechtfertigung ihrer Anträge können die Parteien beliebig auch neue Rechtsbehelfe: Einreden, Repliken u. s. w., namentlich aber neue Thatsachen und Beweismittel vorbringen, und zwar, wie in erster Instanz, bis zum Schlusse derjenigen mündlichen Verhandlung, auf welche das Urtheil ergeht. Nur eine Klageänderung ist nicht zulässig, selbst nicht mit Einwilligung des Gegners, weil dadurch die gesetzliche Ordnung der Instanzenverhältnisse gestört würde. (Anders in erster Instanz.) Ueberhaupt darf, abgesehen von solchen Erweiterungen, Beschränkungen oder Veränderungen des Klageantrages, welche die Civilproceßordnung nicht als Klageänderung betrachtet, ein neuer Anspruch nur erhoben werden, wenn damit compensirt werden soll und die Partei glaubhaft macht, daß sie zur Geltendmachung desselben in erster Instanz ohne ihr Verschulden nicht im Stande gewesen sei. Nur unter der gleichen Voraussetzung ist die Nachbringung solcher proceßhindernder Einreden statthaft, auf welche die Partei wirksam verzichten kann.

Wie auf der einen Seite neue Thatsachen und Beweismittel vorgebracht werden können, so können auf der anderen auch die in erster Instanz unterlassenen oder verweigerten Erklärungen über Thatsachen, Urkunden oder Eideszuschiebungen nachgeholt werden. Wenn also z. B. in erster Instanz eine Behauptung für zugestanden angesehen worden war, weil der Gegner sich darüber nicht erklärt oder die Erklärung auf den darüber zugeschobenen Eid unterlassen hatte, so kann derselbe in der Berufungsinstanz gleichwohl die Thatsache bestreiten, beziehungsweise die Annahme oder Zurückschiebung des Eides erklären. Dagegen wirkt ein in erster Instanz ausdrücklich gemachtes Geständniß sowie die Annahme oder Zurückschiebung eines zugeschobenen Eides auch in der Berufungsinstanz fort. Gleiches gilt von der Leistung, von der Verweigerung der Leistung und von der Erlassung eines bereits durch bedingtes Urtheil oder durch Beweisbeschluß auferlegten Parteieides. Auch die Beweisverhandlungen der ersten Instanz behalten in der Berufungsinstanz ihre Geltung; doch kann das Berufungsgericht nach seinem Ermessen die Wiederholung einer Beweisaufnahme anordnen.

Das Berufungsgericht hat von Amtswegen zu prüfen, ob die Berufung an sich statthaft, und ob sie in der gesetzlichen Form und Frist eingelegt sei. Fehlt es an einem dieser Erfordernisse, so ist die Berufung als „unzulässig" zu verwerfen. Erscheint sie dagegen als zulässig und zugleich als sachlich begründet, so darf das Urtheil erster Instanz doch nur so weit abgeändert werden, als die in der mündlichen Verhandlung gestellten Anträge auf Abänderung reichen. In gewissen Fällen ist nun die Sache zur weiteren Verhandlung an das Gericht erster Instanz zurückzuverweisen; in gewissen anderen kann sie an dasselbe zurückverwiesen werden.

Das Versäumnißverfahren gestaltet sich in der Berufungsinstanz im Ganzen analog wie in erster Instanz. Daher wird, wenn der Berufungskläger einen Verhandlungstermin versäumt, auf Antrag des erschienenen Berufungsbeklagten die Berufung ohne Weiteres durch Versäumnißurtheil zurückgewiesen. Wenn dagegen der Berufungsbeklagte einen Verhandlungstermin versäumt, so tritt von den Grundsätzen über das Versäumnißverfahren in erster Instanz eine bemerkenswerthe Abweichung ein, welche wiederum damit zusammenhängt, daß das angefochtene Urtheil die Grundlage ist, worauf sich die Verhandlung in der Berufungsinstanz bewegt. Wenn nämlich beim Ausbleiben des Berufungsbeklagten der erschienene Berufungskläger ein Versäumnißurtheil beantragt, so werden die von dem Letzteren mündlich vorgebrachten Thatsachen nicht, wie in erster Instanz, schlechthin für zugestanden angenommen, sondern nur insoweit, als sie mit den Feststellungen in dem Thatbestande des angefochtenen Urtheils nicht im Widerspruche stehen. Daher gilt namentlich eine Anführung des Berufungsklägers, welche nach diesem Thatbestande in erster Instanz bestritten worden ist, trotz der Versäumniß des Berufungsbeklagten auch in der Berufungsinstanz als bestritten und kann daher bei der Abfassung des Berufungsurtheils nur dann berücksichtigt werden, wenn das Berufungsgericht sie für bewiesen erachtet. Hat aber in Ansehung solcher Thatsachen der Berufungskläger in der Berufungsinstanz zulässigerweise eine in erster Instanz noch nicht stattgefundene Beweisaufnahme beantragt, sei es jetzt erst neu oder aus der ersten Instanz wiederholt, so wird angenommen, daß sie das in Aussicht gestellte Ergebniß gehabt habe, daß also z. B. ein vorgeschlagener Zeuge Dasjenige wirklich ausgesagt habe, was der Berufungskläger durch ihn bewahrheiten wollte. Diese eigenthümliche und in mancher Hinsicht bedenkliche Vorschrift ist aus der Erwägung hervorgegangen, daß eine Beweisaufnahme ohne Betheiligung des Gegners unstatthaft sei, und daß überhaupt jeder andere Ausweg noch mehr Bedenken haben würde als der eingeschlagene. Das Gesagte gilt übrigens bloß von den thatsächlichen Feststellungen im Thatbestande des angefochtenen Urtheils und darf nicht so verstanden werden, als ob das Berufungsgericht auch an die Würdigung des thatsächlichen Materials gebunden wäre, welche dem angefochtenen Urtheil zu Grunde liegt. Diese Würdigung gehört nicht den thatsächlichen Feststellungen und überhaupt nicht dem Thatbestande, sondern den Entscheidungsgründen an und unterliegt, wie jeder andere Entscheidungsgrund des ersten Richters, der freien Nachprüfung des Berufungsgerichtes selbst im Versäumnißverfahren.

Nach der Erledigung der Berufung hat der Gerichtsschreiber des Berufungsgerichtes dem Gerichtsschreiber des Gerichtes erster Instanz die Proceßacten desselben mit einer beglaubigten Abschrift des Berufungsurtheils zurückzusenden.

Die Revision ist in der Art, wie sie von der Civilproceßordnung gestaltet ist, eine eigenthümliche Neuschöpfung dieses Gesetzbuches, die namentlich im gemeinen Proceßrechte keinerlei Analogon hat. Am besten und anschaulichsten läßt sie sich vielleicht als eine auf die rein rechtliche Seite der Sache beschränkte Oberappellation bezeichnen. Das Revisionsgericht hat lediglich zu prüfen, ob nicht das Berufungsgericht bei der Verhandlung oder der Entscheidung des Rechtsstreites einen eigentlich juristischen Fehler gemacht habe. Die Revision kann daher nur darauf gestützt werden, daß (nach dem Sprachgebrauche der Civilproceßordnung) die angefochtene Entscheidung auf der „Verletzung eines Gesetzes“ beruhe, d. h. auf der Nichtanwendung oder der nicht richtigen Anwendung einer Rechtsnorm (d. h. irgend eines bestehenden Rechtssatzes). Ob die thatsächliche Würdigung, welche dieser Entscheidung zu Grunde liegt, zutreffend sei, oder nicht, ob also z. B. eine Thatsache mit Grund oder Ungrund vom Berufungsgericht als erwiesen angenommen sei, mit dieser Frage hat sich das Revisionsgericht nicht zu befassen; vielmehr muß es bei seiner Prüfung die thatsächlichen Momente, von welchen das Berufungsgericht bei seiner Entscheidung ausgegangen ist, als maßgebend annehmen, es wäre denn, daß es fände, bei der Feststellung des Sachverhaltes selbst sei eine Gesetzwidrigkeit vorgekommen, oder das Verfahren, welches zu der angefochtenen Entscheidung geführt hat, könne ganz oder zum Theil wegen einer Gesetzwidrigkeit nicht aufrecht erhalten werden. Die Gesetzesverletzung, welche mit der Revision gerügt werden kann, kann nämlich in dreifacher Gestalt vorkommen:

1) als unrichtige rechtliche Beurtheilung des Sachverhältnisses durch Nichtanwendung oder nicht richtige Anwendung eines Rechtssatzes bei der Beurtheilung desselben;
2) als Fehler bei der Feststellung des Sachverhaltes, indem in gesetzwidriger Weise Thatsachen festgestellt, übergangen oder als vorgebracht angenommen sind. Z. B. eine in der mündlichen Verhandlung, aber nicht in den vorbereitenden Schriftsätzen vorgekommene Anführung wäre übergangen, oder umgekehrt eine nur in einem vorbereitenden Schriftsatze, aber nicht in der mündlichen Verhandlung angeführte Thatsache wäre als vorgebracht angenommen. Zum Beweise eines solchen Fehlers ist die Berichtigung des Thatbestandes wichtig. Endlich
3) als Verstoß gegen eine Vorschrift über das Verfahren.

Das Rechtsmittel hat aber immer nur dann einen Erfolg, wenn die angefochtene Entscheidung auch wirklich auf der gerügten Gesetzesverletzung beruht, d. h. wenn sie ohne dieselbe nicht so hätte ergehen können, wie sie ergangen ist. Erweist sich der gemachte juristische Fehler für die Entscheidung als unerheblich, indem, auch wenn er nicht gemacht worden wäre, doch ganz ebenso hätte entschieden werden müssen, so wird die Revision als grundlos zurückgewiesen. Eine Ausnahme macht hier bloß die Verletzung gewisser, vom Gesetzbuche als unbedingt wesentlich angesehener, in §. 513

der Civilproceßordnung angegebener Vorschriften des Verfahrens, wie z. B. der Vorschriften über die Besetzung des Gerichtes, über die Zuständigkeit der Gerichte, über die Vertretung der Parteien, über die Oeffentlichkeit der Verhandlung u. dgl. Ist nämlich eine dieser Vorschriften verletzt, so wird jedesmal angenommen, daß die angefochtene Entscheidung auf einer Gesetzesverletzung beruhe, ohne weitere Frage, ob ohne den Fehler ebenso hätte entschieden werden müssen, oder nicht.

Damit ist übrigens das Gebiet und die Aufgabe der Revision nur erst allgemein charakterisirt; denn das Rechtsmittel unterliegt noch manchen besonderen Beschränkungen, welche theils damit zusammenhängen, daß die Revision wesentlich nur zur Erhaltung der Rechtseinheit eingeführt ist, theils eine Ueberlastung des Reichsgerichtes verhüten sollen.

Zuvörderst kann Revision nur gegen die in der Berufungsinstanz erlassenen Endurtheile der Oberlandesgerichte eingelegt werden. Gegen die Berufungsurtheile der Landgerichte gibt es kein weiteres Rechtsmittel und also für die Sachen, welche in erster Instanz vor Amtsgerichten verhandelt werden, keine dritte Instanz. Die Zulässigkeit der Revision in vermögensrechtlichen Processen ist aber ferner, mit wenigen Ausnahmen, dadurch bedingt, daß der Werth des Beschwerdegegenstandes 1500 Mark übersteigt. Endlich ist die Revision in der Regel nur statthaft wegen Verletzung eines Reichsgesetzes oder eines Rechtssatzes, dessen Geltung sich nicht auf den Bezirk des Berufungsgerichtes beschränkt. So würde z. B. wegen Verstoßes gegen das Altenburgische Particularrecht gegen ein Berufungsurtheil des Oberlandesgerichtes zu Jena keine Revision eingelegt werden können, wohl aber wegen Verstoßes gegen das Preußische Landrecht, obwohl zu dem Bezirke des genannten Oberlandesgerichtes nur ganz kleine Gebiete des Preußischen Landrechtes gehören.

Abgesehen von den Abweichungen, welche aus der angegebenen Verschiedenheit der Aufgabe und des Charakters folgen, steht die Revision unter gleichen Grundsätzen wie die Berufung. So können insbesondere, mit Vorbehalt der nämlichen Ausnahmen, welche bei der Berufung gelten, die dem Endurtheil vorausgegangenen Zwischenurtheile und sonstigen Entscheidungen auch nicht durch selbständige Revision angefochten werden; sie werden jedoch durch die gegen das Endurtheil eingelegte Revision von selbst mit ergriffen. Ferner kann ein Versäumnißurtheil durch Revision nur nach gleichen Regeln angefochten werden wie durch Berufung.

Die Einlegung des Rechtsmittels muß gleichfalls innerhalb einer Nothfrist von einem Monate von der Zustellung des Urtheils an geschehen. Auch kann sich der Revisionsbeklagte der Revision in der nämlichen Weise und nach denselben Regeln anschließen, wie der Berufungsbeklagte der Berufung.

Auch das Verfahren in der Revisionsinstanz stimmt mit dem Verfahren in der Berufungsinstanz so weit überein, als nicht die verschiedene Aufgabe der Revision von selbst Verschiedenheiten mit sich bringt.

Die Einlegung der Revision geschieht demnach dadurch, daß der Revisionskläger dem Revisionsbeklagten die Revisionsschrift zustellen läßt. Sie muß zur Erzeugung der Wirkungen der Einlegung von einem bei dem Reichsgerichte zugelassenen Rechtsanwalt unterschrieben sein und die Bezeichnung des angefochtenen Urtheils, die Erklärung der Einlegung der Revision und die Ladung des Revisionsbeklagten vor das Revisionsgericht zur mündlichen Verhandlung der

Sache enthalten. Außerdem soll sie, aber nur in der Eigenschaft als vorbereitender Schriftsatz, angeben, wieweit der Revisionskläger in der mündlichen Verhandlung das Urtheil anfechten, und welche Revisionsanträge er stellen will. Auch soll sie den verletzten Rechtssatz bezeichnen; außerdem, wenn die Revision auf einen Verstoß gegen die Vorschriften über das Verfahren gestützt wird, den betreffenden Vorgang, wenn sie auf einen Fehler bei der Feststellung des Sachverhaltes gestützt wird, die Thatsachen, welche in gesetzwidriger Weise festgestellt, übergangen oder als vorgebracht angenommen sind. Endlich soll in der Revisionsschrift der Werth des Beschwerdegegenstandes angegeben werden. Da aber in Rücksicht auf alle diese Angaben die Revisionsschrift nur vorbereitender Schriftsatz ist, so wird durch ihren Mangel die Wirkung der Einlegung der Revision nicht beeinträchtigt. Auch ist der Revisionskläger an dieselben in der mündlichen Verhandlung nicht gebunden.

Hinsichtlich der Einreichung der Revisionsschrift zur Terminsbestimmung, der Art und Weise der Zustellung derselben und der Pflicht des Gerichtsschreibers, von dem Gerichtsschreiber des Berufungsgerichtes binnen 24 Stunden die Acten einzufordern, gelten gleiche Regeln wie bei der Berufung.

Ferner muß dem Revisionsbeklagten, gleichwie dem Berufungsbeklagten, zwischen der Zustellung der Revisionsschrift und dem Verhandlungstermin eine Einlassungsfrist von einem Monat, in Meß- und Marktsachen von 24 Stunden frei bleiben. Innerhalb der ersten zwei Dritttheile derselben muß er dem Revisionskläger die Beantwortung der Revision zustellen lassen, d. h. einen vorbereitenden Schriftsatz, der insbesondere die Anträge angeben soll, die der Revisions=

beklagte in der mündlichen Verhandlung stellen will, und der ferner im Fall der Anschließung an die Revision die Begründung derselben in der bei der Revisionsschrift bezeichneten Art enthalten soll.

Die mündliche Verhandlung beginnt mit der Verlesung der Anträge der Parteien, die, wie schon gesagt, von den in der Revisionsschrift und der Revisionsbeantwortung angekündigten abweichen können. Sodann haben die Parteien, wie in der Berufungsinstanz, das angefochtene Urtheil nebst den Entscheidungsgründen, den vorausgegangenen Entscheidungen und den Verhandlungen so weit vorzutragen, als dies zum Verständnisse der Revisionsanträge und zur Prüfung der Richtigkeit der angefochtenen Entscheidung erforderlich ist.

Auch in der Revisionsinstanz können die Parteien bis zum Schlusse derjenigen mündlichen Verhandlung, auf welche das Urtheil ergeht, ihre Anträge beliebig verändern. Aber auch hier kann jede Partei verlangen, daß das angefochtene Urtheil, soweit es durch die in einer mündlichen Verhandlung gestellten Revisionsanträge nicht angefochten ist, sofort für vorläufig vollstreckbar erklärt werde.

Proceßhindernde Einreden, auf welche die Partei wirksam verzichten kann, dürfen in der Revisionsinstanz nur geltend gemacht werden, wenn die Partei glaubhaft macht, daß sie zur Vorbringung derselben in einer der früheren Instanzen ohne ihr Verschulden außer Stande gewesen sei. Neue Thatsachen sind in Rücksicht auf die Aufgabe der Revision nur zulässig, soweit sie zum Nachweise einer Verletzung des Gesetzes durch die Art des Verfahrens oder durch die Art der Feststellung des Sachverhaltes angeführt werden.

Das Revisionsgericht hat von Amtswegen zu prüfen, ob die Revision an sich statthaft, und ob sie in der gesetzlichen

Form und Frist eingelegt sei. Fehlt es an einem dieser Erfordernisse, so ist das Rechtsmittel als „unzulässig" zu verwerfen. Erscheint es als zulässig, so darf, wie in der Berufungsinstanz, das angefochtene Urtheil nicht in weiterem Maße aufgehoben werden, als eine Aufhebung desselben in der mündlichen Verhandlung beantragt ist.

Bei der Frage, ob die Revision begründet sei, sind, wie schon gesagt, die Thatsachen maßgebend, von denen das angefochtene Urtheil ausgegangen ist. Aber freilich auch nur die rein thatsächlichen Momente; sobald irgend ein juristisches Moment ins Spiel kommt, wie z. B. die Subsumtion der festgestellten thatsächlichen Momente unter den Rechtsbegriff des Besitzes, der Culpa u. dgl., so unterliegt es der Prüfung des Revisionsgerichtes. An neuen Thatsachen dürfen nur diejenigen berücksichtigt werden, welche zum Nachweis einer Verletzung des Gesetzes durch die Art des Verfahrens oder durch die Art der Feststellung des Sachverhaltes angeführt sind. Ferner ist für das Revisionsgericht maßgebend die Entscheidung des Berufungsgerichtes über das Bestehen und den Inhalt solcher Gesetze, auf deren Verletzung die Revision nicht gestützt werden kann.

Soweit das Revisionsgericht die Revision für begründet erachtet, ist das angefochtene Urtheil aufzuheben. Geschieht dies wegen eines Mangels des Verfahrens, so ist auch letzteres aufzuheben, soweit es durch den Mangel betroffen wird. Mit der Aufhebung des Urtheils muß aber das Revisionsgericht zugleich die Erlassung des neuen Endurtheils verbinden, so oft sie ohne neue thatsächliche Feststellungen möglich ist, wie dieses namentlich dann der Fall ist, wenn das Urtheil nur wegen unrichtiger rechtlicher Beurtheilung des darin festgestellten Sachverhaltes aufgehoben wird, nach diesem aber die Sache zur Endentscheidung reif ist. So oft dagegen die Erlassung des neuen Endurtheils neue thatsächliche Feststellungen voraussetzt, muß die Sache an das Berufungsgericht zu anderweiter Verhandlung und Entscheidung zurückverwiesen werden. Das Berufungsgericht muß dann aber die rechtliche Beurtheilung, welche der Aufhebung des Urtheils zu Grunde liegt, auch seiner Entscheidung zu Grunde legen.

Das Versäumnißverfahren richtet sich nach den Vorschriften über das Versäumnißverfahren in erster Instanz. Daher wird, wenn der Revisionskläger einen Verhandlungstermin versäumt, auf Antrag des erschienenen Revisionsbeklagten die Revision ohne Weiteres durch Versäumnißurtheil zurückgewiesen. Versäumt dagegen der Revisionsbeklagte einen solchen Termin, so werden, wenn der erschienene Revisionskläger ein Versäumnißurtheil beantragt, die zulässigen neuen Thatsachen, welche dieser in der mündlichen Verhandlung angeführt hat, für zugestanden angenommen, und nach Maßgabe dieser Annahme sowie des in dem angefochtenen Urtheil festgestellten Sachverhaltes, soweit er jenen Thatsachen nicht widerstreitet, wird sodann das Versäumnißurtheil erlassen. Gegen jedes Versäumnißurtheil ist, wie in erster und zweiter Instanz, der Einspruch zulässig, und zwar nach gleichen Regeln und innerhalb der gleichen Frist.

Während die beiden bisher besprochenen Rechtsmittel, Berufung und Revision, nur gegen Endurtheile zulässig sind, kann das dritte Rechtsmittel, die Beschwerde, niemals gegen ein Endurtheil gebraucht werden, sondern nur gegen eine Reihe anderer Entscheidungen, die denn aber ihrerseits hinwiederum bloß mit Beschwerde anfechtbar sind und von keinem anderen Rechtsmittel mit ergriffen werden.

Ueber die Beschwerde entscheidet immer das zunächst höhere

Gericht. Gegen die Entscheidung desselben ist eine weitere Beschwerde nur zulässig, wenn jene einen neuen, selbständigen Beschwerdegrund enthält, d. h. wenn sie schon an und für sich betrachtet mit Beschwerde anfechtbar ist und aus einem anderen Grunde als die zuerst angefochtene Entscheidung zur Beschwerde Anlaß gibt. Eine weitere Beschwerde ist also namentlich dann nicht zulässig, wenn die Beschwerde als grundlos zurückgewiesen wird. Dabei ist zu beachten, daß hier die Instanzen nirgends auf eine bestimmte Zahl beschränkt sind, und daß also aus Veranlassung der Entscheidung eines Amtsgerichtes die Beschwerde unter Umständen bis zum Reichsgerichte gehen kann. Auch besteht hier keine Beschränkung mit Rücksicht auf den Werth des Streit- oder Beschwerdegegenstandes.

Die Erhebung und Erledigung der Beschwerde geschieht in der möglichst einfachen Form. Da sie, abgesehen von der sofortigen Beschwerde, immer zugleich eine Gegenvorstellung in sich schließt, so ist sie in der Regel bei demjenigen Gerichte einzulegen, von dem die angefochtene Entscheidung herrührt. Doch kann sie in dringlichen Fällen auch unmittelbar bei dem Beschwerdegerichte eingelegt werden. Die Einlegung geschieht durch Einreichung einer Beschwerdeschrift, welche, weil sie allemal für ein Collegialgericht bestimmt ist, nach der allgemeinen Regel von einem Rechtsanwalt unterschrieben sein muß. In gewissen Fällen kann sie ausnahmsweise auch durch Erklärung vor dem Gerichtsschreiber zu Protokoll und dann, wiederum nach allgemeinen Grundsätzen, auch durch Einreichung einer nicht von einem Rechtsanwalt unterschriebenen Beschwerdeschrift geschehen. Die Beschwerde kann auf neue Thatsachen oder Beweise gestützt werden, die, da die Beschwerde zugleich eine Gegenvorstellung enthält, gleich in der Beschwerdeschrift angegeben werden müssen. Suspensiveffect hat die Einlegung der Beschwerde nur ausnahmsweise in gewissen Fällen, in welchen die sofortige Vollziehung der angefochtenen Entscheidung einen nicht mehr zu beseitigenden Nachtheil bringen könnte. Jedoch kann auch in anderen Fällen sowohl das Gericht, von dem die angefochtene Entscheidung herrührt, als das Beschwerdegericht die Aussetzung der Vollziehung anordnen.

Wenn dem Gerichte, welches die angefochtene Entscheidung erlassen hat, oder, gesetzt daß es sich um eine Verfügung des Vorsitzenden handelt, dem Letzteren die Beschwerde als gegründet erscheint, so hat ihr jenes oder dieser selbst ohne Weiteres abzuhelfen. Anderenfalls ist sie vor Ablauf einer Woche seit der Einreichung dem Beschwerdegerichte vorzulegen, je nach Ermessen mit oder ohne Beifügung von Bemerkungen oder der Proceßacten.

Die Entscheidung über die Beschwerde kann ohne vorgängige mündliche Verhandlung erfolgen. Es hängt lediglich vom Ermessen des Beschwerdegerichtes ab, die Betheiligten vor der Entscheidung mündlich oder schriftlich zu hören. Das Beschwerdegericht hat von Amtswegen zu prüfen, ob die Beschwerde an sich statthaft, und ob sie in der gesetzlichen Form eingelegt sei. Bei der sofortigen Beschwerde kommt die weitere Prüfung hinzu, ob die Einlegung in der gesetzlichen Frist erfolgt sei. Fehlt es an einem dieser Erfordernisse, so ist die Beschwerde als „unzulässig“ zu verwerfen. Erscheint sie dagegen als zulässig und zugleich als sachlich begründet, so kann das Beschwerdegericht nach Ermessen entweder selbst die erforderliche neue Anordnung treffen oder diese dem Gerichte oder Vorsitzenden, von dem die beschwerende Entscheidung ausgegangen war, übertragen.

Wird die Abänderung einer Entscheidung eines beauftragten oder ersuchten Richters oder des Gerichtsschreibers verlangt, so ist zuvörderst die Entscheidung des Proceßgerichtes nachzusuchen, und erst gegen diese kann, wenn die gesetzlichen Voraussetzungen dafür vorhanden sind, Beschwerde eingelegt werden.

An eine bestimmte Frist ist die Einlegung der Beschwerde im Allgemeinen nicht gebunden. Eine solche Fristvorschrift war entbehrlich, weil die mit Beschwerde anfechtbaren Entscheidungen sofort vollstreckbar sind, und sogar die Einlegung der Beschwerde in der Regel keinen Suspensiveffect hat. Nur bei gewissen Entscheidungen, welche auf Rechte des Gegners oder eines Dritten einwirken, ergab sich im Interesse der Betheiligten und zur Sicherung eines ungestörten Fortganges des Verfahrens das Bedürfniß, die Beschwerde auf eine bestimmte kurze Frist zu beschränken und so die baldige Rechtskraft der Entscheidung herbeizuführen. Diese an eine kurze Frist gebundene Beschwerde heißt deshalb sofortige Beschwerde. Sie nähert sich der Berufung und steht gleichsam zwischen dieser und der Beschwerde in der Mitte. Sie unterscheidet sich daher von der gewöhnlichen Beschwerde neben jener Fristbegrenzung auch noch durch einige weitere Eigenthümlichkeiten. Sie hat nämlich überhaupt folgendes Besondere:

1) Ihre Einlegung muß innerhalb einer Nothfrist von zwei Wochen geschehen, welche, mit Ausnahme zweier einzelner Fälle, von der Zustellung der anzufechtenden Entscheidung an läuft. Sind die Voraussetzungen der Nichtigkeits- oder Restitutionsklage vorhanden, so kann die Beschwerde auch nach Ablauf der Nothfrist innerhalb der für diese Klagen geltenden Nothfristen eingelegt werden.

2) Die Einlegung kann auch in nicht dringlichen Fällen bei dem Beschwerdegerichte geschehen.

3) Das Gericht, von dem die angefochtene Entscheidung herrührt, ist zu einer Abänderung derselben nicht befugt.

4) Richtet sich die sofortige Beschwerde gegen eine Entscheidung eines beauftragten oder ersuchten Richters oder des Gerichtsschreibers, so muß innerhalb der Nothfrist auf dem für die Einlegung der gewöhnlichen Beschwerde vorgeschriebenen Wege die Entscheidung des Proceßgerichtes nachgesucht werden. Erscheint diesem das Gesuch nicht als begründet, so ist es von ihm dem Beschwerdegerichte vorzulegen.

An das Rechtsmittelsystem schließt sich nahe verwandt und gewissermaßen als Ergänzung die den außerordentlichen Rechtsmitteln des gemeinen Proceßrechtes entsprechende Wiederaufnahme des Verfahrens an. Sie besteht juristisch in der Erneuerung eines früher in dem Rechtsstreite stattgehabten Verfahrens, wiewohl derselbe bereits durch ein nach Maßgabe der gewöhnlichen Grundsätze rechtskräftiges und daher durch Einspruch oder Rechtsmittel nicht mehr anfechtbares Endurtheil abgeschlossen ist. Da aber eine solche Erneuerung des Verfahrens natürlich nur unter gewissen besonderen Voraussetzungen statthaft sein kann, so muß, wenn sie beantragt wird, immer zunächst die Vorfrage nach ihrer Zulässigkeit geprüft werden. Auch ist der Antrag an bestimmte Fristen geknüpft. In diesem beidem sowie in dem Endzwecke, die Aufhebung des angefochtenen Urtheils zu Gunsten eines neuen herbeizuführen, liegt die Verwandtschaft mit den Rechtsmitteln.

Die Wiederaufnahme des Verfahrens kann aus zweierlei verschiedenen Gründen begehrt werden: entweder wegen Nichtigkeit des angefochtenen Urtheils mit der Nichtigkeitsklage oder aus Rücksichten der Billigkeit mit der Restitutionsklage. Die Nichtigkeitsgründe sowohl als die Restitutionsgründe sind in der Civilproceßordnung einzeln angegeben.

Für die eine wie für die andere Klage ist dasjenige Gericht, von welchem das angefochtene Urtheil erlassen ist, ausschließlich zuständig. Eine Ausnahme tritt ein, wenn mehrere in derselben Sache ergangene Urtheile angefochten werden und eines derselben von dem Berufungsgerichte erlassen ist, wie z. B. das Urtheil erster Instanz und das Berufungsurtheil, welches die Berufung als unzulässig verworfen hat. In solchen Fällen, wie in einigen anderen, in denen ein Revisionsurtheil mit der Restitutionsklage angefochten wird, ist das Berufungsgericht ausschließlich zuständig.

Jede der beiden Klagen muß innerhalb einer Nothfrist von einem Monat erhoben werden, welche von dem Tage, an dem die Partei von dem Anfechtungsgrunde Kenntniß erhalten hat, frühestens aber von dem Eintritte der Rechtskraft des Urtheils an läuft. Nach fünf Jahren seit der Rechtskraft sind die Klagen verjährt. Die Thatsachen, aus denen sich die Einhaltung der Nothfrist ergibt, sind jedesmal vom Kläger glaubhaft zu machen.

In Ansehung des Verfahrens ist wesentlich nur zu beachten, daß eben die Wiederaufnahme als bloße Wiederholung des früheren Verfahrens vor dem nämlichen Gerichte und in der nämlichen Instanz erscheint. Im Uebrigen treten im Ganzen die gewöhnlichen Regeln ein.

Die Klage wird in der gewöhnlichen Form erhoben, d. h. wenn die Wiederaufnahme bei einem Amtsgerichte stattfindet, in der Form, wie überhaupt die Klageerhebung vor einem Amtsgerichte geschieht, wenn sie vor einem Collegialgerichte stattfindet, in der Form, wie die Klageerhebung vor einem Landgerichte geschieht. Sie muß zur Wahrung der Nothfrist und um nicht als unzulässig verworfen zu werden, die Bezeichnung des angefochtenen Urtheils und die Erklärung, ob Nichtigkeits- oder Restitutionsklage erhoben werde, enthalten. Daneben soll sie, jedoch nur als vorbereitender Schriftsatz, enthalten: die Bezeichnung des Anfechtungsgrundes, die Angabe der Beweismittel für denselben und für die Thatsachen, welche die Einhaltung der Nothfrist ergeben, endlich die Erklärung, wie weit der Kläger die Beseitigung des angefochtenen Urtheils und welche andere Entscheidung in der Hauptsache er beantragen will.

Das Gericht hat, wie bei den Rechtsmitteln, von Amtswegen zu prüfen, ob die Klage an sich statthaft, und ob sie in der gesetzlichen Form und Frist erhoben sei. Fehlt es an einem dieser Erfordernisse, so ist sie als „unzulässig" zu verwerfen. Erscheint sie als zulässig und zugleich als sachlich gerechtfertigt, so wird auf Grund neuer Verhandlung der Sache ein neues Endurtheil gefällt, welches an die Stelle des in dem früheren Verfahren in der nämlichen Instanz ergangenen Urtheils tritt und nach den gewöhnlichen Regeln durch Einspruch oder Rechtsmittel angefochten werden kann.

Ich hoffe, daß das Gesagte ausreichend gewesen sei, das Rechtsmittelsystem der Civilproceßordnung so weit, als es zu einem allgemeinen Verständnisse desselben erforderlich ist, zu charakterisiren. In meinem nächsten und letzten Vortrage will ich nun auch noch eine kurze Darstellung der Grundzüge des Systems der Zwangsvollstreckung versuchen.

V.

Das Vollstreckungssystem der Civilproceßordnung ist von demjenigen des gemeinen Proceßrechtes sehr wesentlich verschieden. Nach dem letzteren geschieht die Execution stets durch Vermittelung des Proceßgerichtes. An dieses hat sich der Gläubiger mit dem Antrage auf Execution zu wenden. Erscheint der Antrag als gerechtfertigt, so verfügt es die beantragten Vollstreckungsmaßregeln und läßt sie nach Bedürfniß durch seine Gerichtsdiener ausführen. Handelt es sich dabei um Vollstreckungsacte, die in dem Bezirke eines anderen Gerichtes vorgenommen werden müssen, so muß dieses wegen der Ausführung requirirt werden. Endlich ist wegen jedes Ueberganges von einer Vollstreckungsart zu der anderen ein neuer Antrag an das Proceßgericht erforderlich.

In Folge dieser Grundsätze erwachsen nicht nur für die Gerichte eine Menge weitläufiger, zeitraubender und dabei wesentlich mechanischer Geschäfte, sondern, da der Gläubiger es nicht in der Macht hat, das Vollstreckungsverfahren selbstthätig im Sinne der Beschleunigung zu betreiben, so fehlt demselben auch die Schnelligkeit und Energie, die man doch gerade von diesem Theile des Civilprocesses mehr als von jedem anderen zu fordern berechtigt ist. Denn da es schon als ein sehr beklagenswerther, wenn auch unvermeidlicher, praktischer Mißstand erscheint, daß Jemand durch Bestreitung meines guten Rechtes mich zunächst zur Führung eines Pro=

cesses nöthigen und so eine Verzögerung meiner Befriedigung herbeiführen kann: so muß man wenigstens verlangen, daß mir, sobald mein Recht genugsam feststeht, nun auch unverweilt und ohne weiteren Verzug zu meiner Befriedigung verholfen werde.

Um einerseits die Gerichte thunlichst zu entlasten, andererseits die Parteien auch in Ansehung der Zwangsvollstreckung selbständiger zu machen und dieser dadurch mehr Nachdruck und rascheren Verlauf zu verschaffen, hat sich die Civilproceßordnung auch hier im Ganzen dem rheinisch-französischen System angeschlossen, wonach die Vollstreckungshandlungen im unmittelbaren Auftrage des Gläubigers durch die selbständig handelnden Gerichtsvollzieher ausgeführt werden. Doch geht das Gesetzbuch hier lange nicht so weit als das französische Recht, zu einem Theil aus dem ausgesprochenen Grunde, weil es nicht überall in Deutschland möglich sein würde, das geeignete Personal zu finden. Während nach dem französischen Rechte die Gerichtsvollzieher selbständig zu prüfen haben, ob die Voraussetzungen der Zwangsvollstreckung gegeben sind, ist in dem neuen Reichsprocesse den Gerichtsvollziehern diese Prüfung gänzlich abgenommen. Ihre Aufgabe beschränkt sich auf die bloße Ausführung der Vollstreckungsmaßregeln aus einem Urtheil, dessen Vollstreckbarkeit vom Gerichte durch die Vollstreckungsclausel constatirt ist. Weigert sich der Gerichtsvollzieher, einen Vollstreckungsauftrag zu übernehmen oder eine Vollstreckungshandlung dem Auftrage gemäß auszuführen, so kann die gerichtliche Entscheidung eingeholt werden. Ebenso, wenn hinsichtlich der Art und Weise der Vollstreckung oder des Verfahrens des Gerichtsvollziehers bei derselben Einwendungen erhoben werden. Ueberdies sind gewisse Vollstreckungsarten, deren Durchführung erfahrungsgemäß mit größeren, namentlich juristischen Schwierigkeiten und Verwickelungen verbunden ist, den Gerichtsvollziehern entzogen und ähnlich, wie nach bisherigem gemeinem Rechte, den Gerichten zugewiesen: nämlich die Vollstreckung in Forderungen und andere unkörperliche Vermögensstücke, die Vollstreckung in unbewegliches Vermögen und die Vollstreckung zur Erzwingung von Handlungen oder Unterlassungen. Ferner bedarf es jedesmal der gerichtlichen Vermittelung, wenn die Vollstreckung im Auslande geschehen soll, oder wenn zum Zwecke der Vollstreckung das Einschreiten einer inländischen Behörde erforderlich wird. Letzteres ist namentlich dann der Fall, wenn die Vollstreckung gegen eine active Militärperson in Kasernen oder anderen militärischen Dienstgebäuden geschehen soll. Es bedarf dann immer der Vermittelung der zuständigen Militärbehörde, welche von dem zuständigen Gerichte darum ersucht werden muß.

Soweit aber bei der Zwangsvollstreckung eine gerichtliche Vermittelung oder Mitwirkung stattfindet, ist dafür, und zwar wiederum im Interesse der Vereinfachung und Beschleunigung, in der Regel nicht das Proceßgericht zuständig, sondern ein besonderes, nach selbständigen Rücksichten bestimmtes Vollstreckungsgericht, nämlich, soweit nicht das Gesetz ausnahmsweise ein anderes Amtsgericht bezeichnet, dasjenige Amtsgericht, in dessen Bezirke das Vollstreckungsverfahren vor sich geht. Die Fälle, in denen ausnahmsweise das Proceßgericht als solches zuständig ist, werden im Verlaufe angegeben werden. Vermöge durchgreifender Regel bedarf es der Vermittelung des Proceßgerichtes, so oft die Vollstreckung im Auslande erfolgen soll.

Nothwendige Voraussetzung einer Zwangsvollstreckung ist allemal das Dasein eines vollstreckbaren Schuldtitels.

Hierhin gehören aber nicht bloß vollstreckbare Endurtheile, sondern auch Entscheidungen, die mit der Beschwerde angefochten werden können, wie z. B. Kostenfestsetzungen, Entscheidungen gegen ungehorsame Zeugen und Sachverständige; ferner im Mahnverfahren erlassene Vollstreckungsbefehle, gerichtlich abgeschlossene Vergleiche, endlich, und dieses ist gegenüber dem gemeinen Rechte eine Erweiterung der vollstreckbaren Schuldtitel von allergrößter praktischer Wichtigkeit, vollstreckbare Urkunden. Vollstreckbar ist aber jede von einem deutschen Gericht oder Notar über Zahlung einer bestimmten Geldsumme oder Leistung einer bestimmten Menge anderer vertretbarer Sachen oder Werthpapiere errichtete Urkunde, worin sich der Schuldner der sofortigen Zwangsvollstreckung ausdrücklich unterworfen hat. Dieses nach dem Vorbilde des französischen Rechtes aufgenommene Institut läßt eine bedeutende Verminderung der Processe erwarten.

Die vollstreckbaren Endurtheile zerfallen wieder in zwei Klassen. Die Regel ist, daß nur bereits rechtskräftige Endurtheile vollstreckt werden können; ausnahmsweise sind aber auch noch nicht rechtskräftige Endurtheile vollstreckbar, wenn sie vom Proceßgerichte für vorläufig vollstreckbar erklärt sind. Die vorläufige Vollstreckbarkeit darf nicht so verstanden werden, als ob sie nur die Befugniß zu einstweiligen Sicherungsmaßregeln gäbe, oder als ob die Anfechtung des Urtheils durch Einspruch oder durch ein Rechtsmittel die Vollstreckung hemmte, sondern ihre Bedeutung besteht eben darin, daß das Urtheil ausnahmsweise wie ein bereits rechtskräftiges Urtheil vollstreckt werden kann, wiewohl es noch durch Einspruch oder Rechtsmittel anfechtbar ist, natürlich auf die Gefahr künftiger Verurtheilung zur Rückerstattung, falls das Urtheil nachträglich aufgehoben werden sollte. Denn im Begriffe der vorläufigen Vollstreckbarkeit liegt nicht einmal das Merkmal, daß das beigetriebene Geld allemal hinterlegt werden müßte u. dgl., sondern der Schuldner kann nur unter Umständen verlangen, daß ihm nachgelassen werde, die Vollstreckung durch Sicherheitsleistung oder durch Hinterlegung abzuwenden. Dieses Institut ist von der allerwichtigsten praktischen Bedeutung, weil es dem Schuldner die Möglichkeit nimmt, durch frivole Anfechtung des Urtheils die Vollstreckung hinzuhalten, und daher bewirken wird, daß aussichtslose Anfechtungen unterbleiben.

Gewisse Endurtheile sind schon von Amtswegen und ohne Antrag für vorläufig vollstreckbar zu erklären, wie z. B. Urtheile, die auf Grund eines Anerkenntnisses eine Verurtheilung aussprechen, Urtheile, welche den Eintritt der in einem durch Eidesleistung bedingten Endurtheil ausgedrückten Folgen aussprechen, Urtheile, welche im Urkunden- oder Wechselprocesse ergehen, und andere. Andere Endurtheile dagegen werden nur auf Antrag des Gläubigers für vorläufig vollstreckbar erklärt. Manche aber ohne weitere Voraussetzungen; namentlich diejenigen über vermögensrechtliche Ansprüche, wenn der Gegenstand der Verurtheilung den Werth von 300 Mark nicht übersteigt; ferner im Ganzen die Urtheile in Sachen, welche zur Zuständigkeit der Amtsgerichte gehören. Fehlt es an diesen Voraussetzungen, so ist ein verurtheilendes Endurtheil auf Antrag des Gläubigers nur dann für vorläufig vollstreckbar zu erklären, wenn er entweder glaubhaft macht, daß ihm die Aussetzung der Vollstreckung einen schwer ersetzbaren oder ermittelbaren Nachtheil bringen würde, oder sich erbietet, vor der Vollstreckung Sicherheit wegen jedes Schadens zu leisten, der dem Schuldner durch die vorläufige Vollstreckung erwachsen könnte.

Damit aber die Rücksicht auf die Interessen des Gläubigers, worin das Institut der vorläufigen Vollstreckbarkeit wurzelt, nicht zu unbilliger Härte und Rücksichtslosigkeit gegen den Schuldner führe, kann das Gericht auf Antrag des Letzteren die vorläufige Vollstreckbarkeit in jedem Fall, selbst in einem derjenigen Fälle, in denen sie schon von Amtswegen auszusprechen ist, nach Ermessen von einer solchen vorgängigen Sicherheitsleistung von Seite des Gläubigers abhängig machen. Auch muß es dem Schuldner auf seinen Antrag in dem Urtheil gestatten, die vorläufige Vollstreckung durch eine von ihm bestellte Sicherheit für eventuelle Erfüllung des Urtheils oder durch Hinterlegung des Streitgegenstandes abzuwenden, falls nicht einem solchen Antrage gegenüber der Gläubiger sich erbietet, vor der Vollstreckung Sicherheit zu leisten. Macht der Schuldner glaubhaft, daß ihm die vorläufige Vollstreckung einen unersetzlichen Nachtheil brächte, so darf überhaupt die vorläufige Vollstreckbarkeit nicht ausgesprochen werden. Urtheile in Ehesachen dürfen niemals für vorläufig vollstreckbar erklärt werden.

Ueber die vorläufige Vollstreckbarkeit wird in Verbindung mit der Hauptsache verhandelt, und die darauf bezüglichen Anträge des Gläubigers oder Schuldners müssen daher vor dem Schlusse derjenigen mündlichen Verhandlung gestellt werden, auf welche das Urtheil ergeht. Ist die Entscheidung über die vorläufige Vollstreckbarkeit in Fällen, in denen sie hätte erfolgen müssen, übergangen, so kann eine Ergänzung des Urtheils begehrt werden.

In der Berufungsinstanz ist über die in dem Urtheil erster Instanz ausgesprochene oder verweigerte vorläufige Vollstreckbarkeit auf Antrag vor der Verhandlung der Hauptsache zu verhandeln und zu entscheiden. Diese Entscheidung kann nicht weiter angefochten werden.

Aus einem vollstreckbaren Schuldtitel kann nun aber die Vollstreckung erst dann erfolgen, wenn er in vollstreckbarer Ausfertigung vorliegt, d. h. in einer Ausfertigung, welcher am Schlusse von einer dazu befugten Amtsperson oder Behörde die Vollstreckungsclausel beigefügt ist, d. h. die von ihr mit Beidrückung des Amtssiegels unterschriebene Erklärung:

„Vorstehende Ausfertigung wird dem u. s. w. zum Zwecke der Zwangsvollstreckung ertheilt."

Die vollstreckbare Ausfertigung eines Urtheils, einer sonstigen vollstreckbaren Entscheidung oder eines gerichtlich abgeschlossenen Vergleiches wird von dem Gerichtsschreiber (in der Regel demjenigen des betreffenden Gerichtes erster Instanz) ertheilt, diejenige einer gerichtlichen Urkunde von dem Gerichtsschreiber desjenigen Gerichtes, welches die Urkunde aufgenommen hat, diejenige einer notariellen Urkunde von demjenigen Notar, der die Urkunde verwahrt, oder, wenn sich diese in der Verwahrung einer Behörde befindet, von der letzteren.

Endlich darf die Vollstreckung nur beginnen, wenn die Personen, für und gegen welche sie stattfinden soll, in dem Urtheil oder sonstigen Schuldtitel oder in der beigefügten Vollstreckungsclausel mit Namen bezeichnet sind und das Urtheil oder der sonstige Schuldtitel dem Schuldner schon zugestellt ist oder gleichzeitig zugestellt wird.

Die Vollstreckungsarten sind wesentlich die nämlichen, wie sie schon nach dem bisherigen Rechte bestehen, und richten sich nach der Verschiedenheit der Leistung, auf welche der zu vollstreckende Anspruch geht. Demnach kommt es vor Allem darauf an, ob es sich um eine Geldleistung handelt, oder um eine Leistung anderen Inhaltes.

Wegen einer Geldleistung darf die Vollstreckung, da die Schuldhaft reichsgesetzlich aufgehoben ist, immer nur in der Weise geschehen, daß dem Gläubiger aus dem Geldwerthe von Vermögensstücken des Schuldners Befriedigung verschafft wird. Dabei ist aber die Vollstreckung in bewegliches und in unbewegliches Vermögen zu unterscheiden. Nur die erste ist von der Civilproceßordnung einheitlich für ganz Deutschland geregelt. Die zweite bemißt sich, wegen ihres engen Zusammenhanges mit dem gerade in Ansehung der Grundeigenthumsverhältnisse so sehr auseinandergehenden Civilrechte, fortwährend nach der Landesgesetzgebung. Die Civilproceßordnung hat sich auf einige Vorschriften in Betreff der Zuständigkeit beschränkt.

Die Vollstreckung in das bewegliche Vermögen geschieht durch Pfändung. Diese verschafft dem Gläubiger ein Pfandrecht an dem gepfändeten Gegenstande, welches juristisch einem vertragsmäßig begründeten Faustpfandrechte gleichsteht. Danach bemißt sich seine Behandlung namentlich im Concurse. Hat eine erfolgte Pfändung nicht zu einer vollständigen Befriedigung des Gläubigers geführt, oder macht dieser glaubhaft, daß er durch Pfändung seine Befriedigung nicht vollständig erlangen werde, so muß auf seinen Antrag der Schuldner ein Verzeichniß seines gesammten (beweglichen und unbeweglichen) Vermögens vorlegen, hinsichtlich seiner Forderungen Grund und Beweismittel bezeichnen und durch Leistung eines Offenbarungseides die vollständige Angabe seines Vermögens beschwören.

Was die Ausführung der Pfändung anlangt, so ist die Vollstreckuug in körperliche Sachen und diejenige in

Forderungen und andere unkörperliche Vermögensstücke zu unterscheiden.

Die Pfändung körperlicher Sachen geschieht im unmittelbaren Auftrage des Gläubigers durch einen Gerichtsvollzieher, und zwar in der Weise, daß sie der letztere in Besitz nimmt. Werden die Sachen im Gewahrsam des bisherigen Inhabers gelassen, so ist die Wirksamkeit der Pfändung dadurch bedingt, daß sie durch Siegelanlegung oder sonst äußerlich erkennbar gemacht wird. Gepfändetes Geld hat der Gerichtsvollzieher an den Gläubiger abzuliefern; die Wegnahme desselben durch den Gerichtsvollzieher gilt als Zahlung von Seite des Schuldners. Andere gepfändete Sachen sind von dem Gerichtsvollzieher öffentlich zu versteigern. Die Empfangnahme des Erlöses durch den Gerichtsvollzieher gilt wiederum als Zahlung von Seite des Schuldners.

Wird eine bereits gepfändete Sache auch noch für andere Gläubiger gepfändet, so geschieht die weitere Ausführung der Vollstreckung, insbesondere die Versteigerung, für die sämmtlichen betheiligten Gläubiger immer nur durch Einen Gerichtsvollzieher, der kraft Gesetzes als Beauftragter Aller gilt; und zwar durch denjenigen, der die erste Pfändung bewirkt hat, falls nicht auf Antrag eines der Betheiligten das Vollstreckungsgericht einen anderen bezeichnet.

In gleicher Weise wie die Pfändung körperlicher Sachen geschieht auch die Pfändung von Forderungen aus Wechseln und anderen durch Indossament übertragbaren Papieren.

Die Vollstreckung in andere Forderungen und sonstige unkörperliche Vermögensstücke geschieht dagegen durch Vermittelung des Vollstreckungsgerichtes. Vollstreckungsgericht ist aber hier dasjenige Amtsgericht, bei welchem der Schuldner

Schuldner seinen allgemeinen Gerichtsstand hat oder, wenn es an einem solchen im Deutschen Reiche fehlt, in dessen Bezirke sich Vermögen des Schuldners befindet.

Soll eine Geldforderung gepfändet werden, so erläßt das Vollstreckungsgericht auf Gesuch des Gläubigers ohne vorgängiges Gehör des Schuldners einen Beschluß, durch den es dem Drittschuldner die Zahlung an den Schuldner, diesem selbst aber jede Verfügung über die Forderung verbietet. Diesen Beschluß muß der Gläubiger dem Drittschuldner zustellen lassen; damit gilt dann die Pfändung als bewirkt.

Schon vor der Pfändung kann der Gläubiger dem Drittschuldner und dem Schuldner eine Benachrichtigung von der bevorstehenden Pfändung zustellen lassen. Diese Benachrichtigung hat die Wirkung eines Arrestes, begründet also ebenfalls ein dem vertragsmäßigen Faustpfandrechte gleichstehendes Pfandrecht, falls innerhalb der nächsten drei Wochen seit der Zustellung derselben die Pfändung der Forderung wirklich erfolgt.

Auf ein Gesuch des Gläubigers, welches sogleich mit dem Pfändungsgesuche verbunden werden kann, ist ihm durch Beschluß des Vollstreckungsgerichtes, der mit dem Pfändungsbeschlusse verbunden werden kann, die gepfändete Forderung nach seiner Wahl entweder zur Einziehung oder zum Nennwerthe an Zahlungsstatt zu überweisen. Im ersten Fall wird seine Forderung nur so weit getilgt, als er durch die Einziehung der überwiesenen Forderung Befriedigung erhält; im zweiten dagegen geht die überwiesene Forderung an Zahlungsstatt auf ihn über, so daß er, soweit sie besteht, ohne Weiteres für seine Forderung als befriedigt gilt, gleichviel, ob es möglich ist, jene zu ihrem vollen Nennwerthe beizutreiben, oder nicht.

In ganz ähnlicher Weise geschieht die Vollstreckung in Ansprüche anderen Inhaltes und in sonstige unkörperliche Stücke des beweglichen Vermögens.

Die Vollstreckung zum Zwecke der Erwirkung anderer Leistungen als Geldleistungen gestaltet sich wieder je nach dem Inhalte der zu erzwingenden Leistung verschieden.

Wenn der Schuldner eine in seinem Gewahrsam befindliche bestimmte bewegliche Sache herauszugeben hat, so geschieht die Vollstreckung in der Weise, daß ihm im unmittelbaren Auftrage des Gläubigers ein Gerichtsvollzieher die Sache wegnimmt und sie dem Gläubiger übergibt. Das gleiche Verfahren findet statt, wenn der Schuldner von bestimmten beweglichen, in seinem Gewahrsam befindlichen Sachen eine gewisse Menge herauszugeben hat, z. B. zwei Pferde aus seinem Stall, zehn Hektoliter von dem Weizen auf seinem Speicher u. dgl. Wird die herauszugebende Sache, oder werden die Sachen, von denen eine gewisse Menge herauszugeben ist, bei dem Schuldner nicht vorgefunden, so muß er auf Antrag des Gläubigers einen Offenbarungseid dahin leisten, „daß er die Sache — oder beziehungsweise „die Sachen" — nicht besitze, auch nicht wisse, wo sie sich befinde".

Auch dann geschieht die Zwangsvollstreckung durch Wegnahme und Uebergabe an den Gläubiger, wenn der Schuldner eine bestimmte Menge vertretbarer Sachen oder Werthpapiere zu leisten hat und solche Sachen oder Werthpapiere sich bei ihm vorfinden. Der Offenbarungseid fällt hier weg. Nach den nämlichen Grundsätzen ist der Fall zu behandeln, wenn der Schuldner eine gewisse Menge nicht vertretbarer, aber nur der Gattung nach bestimmter Sachen zu liefern hat und solche Sachen sich bei ihm vorfinden, zumal da es sonst zur

Erwirkung solcher Leistungen an jedem Vollstreckungsmittel fehlen würde.

Hat der Schuldner eine unbewegliche Sache oder ein bewohntes Schiff herauszugeben, zu überlassen oder zu räumen, so geschieht die Zwangsvollstreckung in der Art, daß der vom Gläubiger beauftragte Gerichtsvollzieher den Schuldner aus dem Besitze setzt und den Gläubiger in den Besitz einweist.

Ist der Schuldner zu einer anderen Handlung als Herausgabe oder Leistung von Sachen verpflichtet, so kommt es darauf an, ob die Handlung von der Art ist, daß sie mit gleichem Effecte für den Gläubiger auch durch einen Dritten vorgenommen werden kann, oder nicht. Im ersten Fall geschieht die Zwangsvollstreckung in der Weise, daß das Proceßgericht erster Instanz den Gläubiger auf seinen Antrag ermächtigt, die Handlung auf Kosten des Schuldners vornehmen zu lassen. Im zweiten Fall dagegen kommt es wieder darauf an, ob die Vornahme der Handlung ausschließlich von dem Willen des Schuldners abhängt, oder nicht. Unter der letzten Voraussetzung ist jeder auf Vornahme der Handlung selbst gerichtete Zwang unstatthaft; der Gläubiger muß auf sein Interesse klagen. Hängt dagegen die Vornahme der Handlung ausschließlich von dem Willen des Schuldners ab, wie z. B. eine Rechnungslegung, so hat das Proceßgericht erster Instanz auf Antrag des Gläubigers zu erkennen, daß der Schuldner zur Vornahme der Handlung durch Geldstrafe, die nöthigenfalls wiederholt werden kann, oder durch Haft anzuhalten sei. Die Geldstrafe darf jedoch einen Gesammtbetrag von 1500 Mark, die Haft die Dauer von sechs Monaten nicht übersteigen. Zur Eheschließung darf ein Zwang überhaupt nicht angewendet werden und zur Herstellung des ehelichen Lebens nur, soweit ihn die Landesgesetze gestatten.

Ist der Schuldner zur Unterlassung einer Handlung oder zur Duldung der Vornahme einer Handlung verpflichtet, so ist ihm auf Antrag des Gläubigers in dem Urtheil, welches die Verpflichtung ausspricht, zugleich für jede Zuwiderhandlung eine Geldstrafe bis zu 1500 Mark oder die Strafe der Haft bis zu sechs Monaten anzudrohen. Wenn trotzdem der Schuldner seiner Verpflichtung zuwiderhandelt, so ist er auf Antrag des Gläubigers von dem Proceßgerichte erster Instanz zu der angedrohten Strafe zu verurtheilen; doch darf wegen mehrerer gleichzeitig zu bestrafender Zuwiderhandlungen nie auf eine höhere Gesammtstrafe als zwei Jahre Haft erkannt werden.

Leistet der Schuldner Widerstand gegen die Vornahme einer Handlung, die er zu dulden hat, z. B. gegen das Wasserholen an seinem Brunnen, so kann der Gläubiger auch zur Beseitigung des Widerstandes einen Gerichtsvollzieher zuziehen, der dann nöthigenfalls polizeiliche Hülfe nachsuchen kann.

Ist endlich der Schuldner zur Abgabe einer Willenserklärung verurtheilt, so gilt die Erklärung als abgegeben, sobald das Urtheil rechtskräftig geworden ist.

Mit der Zwangsvollstreckung stehen als Mittel zur Sicherung einer zukünftigen Zwangsvollstreckung in enger Verbindung der Arrest, worunter die Civilproceßordnung nur den Sicherheitsarrest versteht, und die einstweiligen Verfügungen. Der Arrest soll zur Sicherung einer Geldleistung oder des Geldwerthes einer anderen Leistung, die einstweilige Verfügung dagegen zur Sicherung einer individuellen Leistung, z. B. der Herausgabe eines bestimmten Gemäldes oder Edelsteins u. dgl., dienen. Entsprechend der Verwandtschaft ihres Zweckes stehen die beiden Institute auch unter nahe verwandten Rechtsregeln.

Der Arrest ist immer nur zulässig, um eine Verschlechterung der Lage des Gläubigers zu verhüten, also nur dann, wenn die Gefahr besteht, daß ohne seine Verhängung die zur Zeit mögliche Vollstreckung des Urtheils in das Vermögen des Schuldners vereitelt oder wesentlich erschwert werden würde. Als ein zureichender Arrestgrund gilt jedesmal der Umstand, daß das Urtheil im Auslande vollstreckt werden müßte. Die Zulässigkeit des persönlichen Arrestes ist ferner dadurch bedingt, daß zur Sicherung der gefährdeten Vollstreckung in das Vermögen des Schuldners ein dinglicher Arrest nicht ausreicht (z. B. wegen Unbekanntheit der Bestandtheile jenes Vermögens oder des Ortes, wo sie sich befinden), und daß überdies die Gefahr besteht, der Schuldner werde seine persönliche Freiheit zur Vereitelung oder wesentlichen Erschwerung der Vollstreckung in jenes Vermögen benutzen, z. B. die Vermögensstücke in das Ausland bringen.

Für die Verhängung des Arrestes ist sowohl das Gericht der Hauptsache zuständig als dasjenige Amtsgericht, in dessen Bezirke der zu arrestirende Gegenstand oder die zu arrestirende Person sich befindet. Das Gericht der Hauptsache kann den Arrest allgemein für das Vermögen des Schuldners anordnen, so daß darauf hin der Arrest in jedes Vermögensstück desselben vollzogen werden kann. In dem Arrestbefehl muß aber jedesmal ein Geldbetrag festgestellt werden, dessen Hinterlegung die Vollziehung des Arrestes hemmt oder, wenn dieser schon vollzogen ist, dem Schuldner das Recht gibt, die Aufhebung zu verlangen.

Der Arrestbefehl kann immer sofort vollzogen werden, und zwar ohne daß es der Vollstreckungsclausel bedarf. Die Vollziehung muß aber innerhalb der nächsten zwei Wochen geschehen; nach Ablauf dieser Zeit ist sie unstatthaft.

Seiner juristischen Natur nach erscheint der Arrestbefehl, wenn ihm eine mündliche Verhandlung vorausgegangen ist, als Endurtheil. Ist er ohne vorgängige mündliche Verhandlung erlassen, so erscheint er als Beschluß. In diesem Fall kann der Schuldner Widerspruch dagegen erheben und dadurch nachträglich eine Verhandlung über die Rechtmäßigkeit des Arrestes und eine Entscheidung über dieselbe durch Endurtheil herbeiführen. Die Erhebung des Widerspruches hemmt aber die Vollziehung des Arrestes nicht.

Ist die Hauptsache nicht anhängig, so muß das Arrestgericht, d. h. das Gericht, welches den Arrest angeordnet hat, auf Antrag des Schuldners anordnen, daß der Gläubiger innerhalb einer zu bestimmenden Frist Klage wegen des Hauptanspruches zu erheben habe, widrigenfalls auf Antrag des Schuldners die Aufhebung des Arrestes erfolgt. Ferner kann der Schuldner die Aufhebung des Arrestes jederzeit wegen veränderter Umstände, namentlich wegen Wegfalls des Arrestgrundes, oder auf Grund des Erbietens zur Sicherheitsleistung beantragen, und zwar, wenn die Hauptsache anhängig ist, nur bei dem Gerichte der Hauptsache, anderenfalls bei dem Arrestgerichte. In den sämmtlichen genannten Fällen geschieht die Aufhebung des Arrestes durch Endurtheil, welches, wie überhaupt jedes Endurtheil, durch welches ein Arrest aufgehoben oder zu Gunsten des Schuldners abgeändert wird, von Amtswegen für vorläufig vollstreckbar zu erklären ist.

Der Arrest erscheint nach dem System der Civilproceßordnung als vorgreifender Beginn der Zwangsvollstreckung zur Sicherung ihrer künftigen Durchführung. Der Arrest wird daher gerade so wie die Zwangsvollstreckung vollzogen; auch gelten die gleichen Beschränkungen. Nur hält das Vollstreckungsverfahren an dem Punkte ein, wo seine Fortsetzung über den Zweck bloßer Sicherung der Möglichkeit seiner künftigen Durchführung hinausführen würde.

Demnach geschieht die Vollziehung des Arrestes in bewegliches Vermögen, gleichwie die sofortige Zwangsvollstreckung in solches Vermögen, durch Pfändung; auch hat diese ganz die gleiche Wirkung, wie die zum Zwecke der sofortigen Zwangsvollstreckung erfolgte. Sie erzeugt also an dem gepfändeten Gegenstande ein Pfandrecht, welches einem vertragsmäßig begründeten Faustpfandrechte gleichsteht (eine sehr bemerkenswerthe Neuerung gegenüber dem bisherigen gemeinen, wie auch gegenüber dem preußischen und französischen Rechte). Allein, so lange nicht die Voraussetzungen wirklicher Zwangsvollstreckung eingetreten sind, bleibt das Verfahren bei der Pfändung stehen. Die gepfändeten Sachen werden weder versteigert, noch die gepfändeten Forderungen dem Gläubiger überwiesen; gepfändetes Geld wird hinterlegt. Treten dann aber später die Voraussetzungen wirklicher Zwangsvollstreckung ein, so wird das Vollstreckungsverfahren auf Grund jener Pfändung einfach fortgesetzt; eine neue Pfändung zum Behufe der Vollstreckung ist also nicht erforderlich.

Die Vollziehung des persönlichen Arrestes geschieht, wenn sie durch Haft erfolgt, nach Maßgabe der Vorschriften über die Haft als Mittel der Zwangsvollstreckung. Sie kann aber nach Ermessen des Arrestgerichtes auch durch mildere Maßregeln erfolgen, wie z. B. durch Beschlagnahme des Reisepasses oder sonstiger Legitimationspapiere, Verhängung von Stadt- oder Hausarrest u. dgl. Dann sind die besonderen Anordnungen des Arrestgerichtes maßgebend; doch treten auch hier die Beschränkungen der Vollstreckungshaft, namentlich die Beschränkung der Dauer auf höchstens sechs Monate, ein.

Die Vollziehung des Arrestes in unbewegliches Vermögen bemißt sich, wie die Zwangsvollstreckung in solches Vermögen, in Ansehung ihrer Form sowohl als ihrer Wirkung nach den Landesgesetzen.

Ich wende mich zu den einstweiligen Verfügungen. Sie sollen, wie schon gesagt, eine individuelle Leistung sichern und sind zulässig, so oft die Gefahr besteht, daß sonst die künftige Erlangung dieser Leistung vereitelt oder wesentlich erschwert werden würde.

Darauf beschränkt sich jedoch die Bedeutung und die Anwendbarkeit einstweiliger Verfügungen nicht. Sie stehen nicht immer und nothwendig in Beziehung zu einer künftigen Zwangsvollstreckung, welche dadurch gesichert werden soll, sondern sie sind auch statthaft, um hinsichtlich eines streitigen Rechtsverhältnisses einen einstweilen maßgebenden Zustand herzustellen; und zwar können zu diesem Zwecke einstweilige Verfügungen erlassen werden, so oft dieses zur Verhütung wesentlicher Nachtheile oder zur Verhinderung drohender Gewalt oder aus anderen Gründen als nothwendig erscheint, also kurz: nach freiestem richterlichem Ermessen. Durch diesen wichtigen Grundsatz kommt das sogenannte possessorium summariissimum in Wegfall; auch werden Rechtsmittel wie die operis novi nunciatio u. dgl. im Wesentlichen entbehrlich. Weitere Beispiele sind: einstweilige Regelung der Alimentationspflicht, einstweilige Schlichtung von Streitigkeiten zwischen Gastwirth und Gast u. dgl.

Welche Maßregeln zur Erreichung des Zweckes getroffen werden sollen, hängt jedesmal vom freien Ermessen des Gerichtes ab. Es kann insbesondere Sequestration anordnen, ferner dem Gegner eine Handlung gebieten oder verbieten, namentlich die Veräußerung, Belastung oder Verpfändung eines Grundstückes untersagen. Zur Erzwingung der gebotenen Handlung oder Unterlassung sind die entsprechenden Vollstreckungsmaßregeln, unter Umständen sogar die Haft, anwendbar.

Für die Erlassung einstweiliger Verfügungen ist an sich nur das Gericht der Hauptsache zuständig. Es kann in dringlichen Fällen auch ohne vorgängige mündliche Verhandlung entscheiden; und in solchen Fällen kann sogar der Vorsitzende anstatt des Gerichtes entscheiden.

In dringenden Fällen kann aber ausnahmsweise auch das Amtsgericht, in dessen Bezirke der Streitgegenstand sich befindet, eine einstweilige Verfügung erlassen. Doch hat es dann immer zugleich eine Frist zu bestimmen, innerhalb welcher der Gegner zur mündlichen Verhandlung über die Rechtmäßigkeit der einstweiligen Verfügung vor das Gericht der Hauptsache zu laden ist. Ist dies nicht geschehen, so muß das Amtsgericht auf Antrag des Gegners die einstweilige Verfügung wieder aufheben.

Im Uebrigen sind hinsichtlich der Anordnung einstweiliger Verfügungen und des weiteren Verfahrens die Vorschriften über das Arrestverfahren maßgebend. Doch darf die Aufhebung einer einstweiligen Verfügung gegen Sicherheitsleistung nur unter besonderen Umständen und nur auf Antrag gestattet werden.

Mit dieser Skizzirung des Vollstreckungssystems der Civilproceßordnung glaube ich die Aufgabe erfüllt zu haben, um die es sich bei meinen Vorträgen handelte und nach meinem Erachten auch allein handeln konnte, die Aufgabe einer allgemeinen Einführung in den neuen Reichsproceß. Die genauere

Kenntniß des Einzelnen läßt sich nur durch das Studium des Gesetzbuches selbst und durch die Benutzung literarischer Hülfsmittel gewinnen, die ja, noch ganz abgesehen von den reichhaltigen und vortrefflichen Motiven, bereits in reicher Zahl zu Gebote stehen.

Das Beste und Meiste muß freilich die praktische Anwendung und Uebung thun, und besonders wünschenswerth wäre es, wenn schon vor dem 1. Oktober zu solcher praktischer Uebung einige Gelegenheit geboten wäre. An manchen Orten haben dies die Praktiker dadurch zu erreichen gesucht, daß sie in der Praxis vorgekommene Fälle unter sich in den Formen des neuen Processes verhandeln. Wiewohl gewiß nicht ohne Nutzen, leidet dieses Verfahren doch an dem Mißstande, daß es im Grunde nur die Natur eines Spiels hat, und daß sich daher kaum ein rechter Ernst damit verbinden kann. Weit eher könnte sich empfehlen, Personen, zwischen denen ein noch nicht anhängig gemachter Rechtsstreit besteht, zu einem Compromiß auf bestimmte dazu erbötige Juristen zu veranlassen mit der Maßgabe, daß die Verhandlung der Sache in den Formen des neuen Reichsprocesses geschehen solle. Gemeinrechtlich würde selbst einem Compromiß auf eine richterliche Person kein Hinderniß entgegenstehen. Ob freilich dieser Weg thatsächlich gangbar sei, ist eine Frage, die ich nicht zu entscheiden vermag.

Wohl aber könnte, wie mir scheint, sehr füglich ein Anderes geschehen, was wenigstens den Advocaten und Rechtsanwälten auch schon eine gewisse Vorübung verschaffen und zugleich einen großen Uebelstand beseitigen würde, der außerdem ganz unvermeidlich ist. Dieser Uebelstand ist nämlich der, daß wegen der gesetzlichen Bestimmungen über die Einlassungsfristen die Landgerichte nach dem 1. Oktober mehrere

Wochen lang fast gar nichts zu thun haben würden, — ein Geschäftsstillstand, der natürlich in erhöhtem Maße auf die Oberlandesgerichte fortwirken müßte. Dafür würden sich denn aber hernach die Sitzungen um so mehr drängen, und dieses müßte für alle Theile um so eher als ungleiche Ueberlastung fühlbar werden, als natürlich in den ersten Zeiten, bei der Ungewohntheit des neuen Verfahrens und der noch mangelnden Uebung der Richter wie der Rechtsanwälte, die Verhandlungen viel längere Dauer erfordern werden als später. Gewiß wäre es daher für Jene wie für Diese höchst wünschenswerth, überdies dem Publicum gegenüber von großer Wichtigkeit, wenn gleich am Anfange Oktober auch die Gerichtssitzungen und mündlichen Verhandlungen beginnen könnten. Dieses läßt sich aber, wenn die Herren Advocaten dazu die Hand bieten wollen, in der That sehr leicht und einfach erreichen im Hinblick auf die Bestimmung der Civilproceßordnung (§. 204), daß die Einlassungsfristen auf Antrag des Klägers durch den Vorsitzenden ganz nach Ermessen abgekürzt werden können, und zwar sogar so weit, daß nun die Vorbereitung der mündlichen Verhandlung durch Schriftsätze nicht möglich ist. Demnach dürften in Fällen, in denen es nicht etwa darauf ankommt, durch schleunige Erhebung der Klage die Verjährung zu unterbrechen, die Advocaten ihren Parteien nur vorschlagen, die Klage selbst erst im Oktober zu erheben, vorher aber schon die mündliche Verhandlung nach Maßgabe der Reichscivilproceßordnung vorzubereiten. Die Parteien, denen man von diesem Verfahren eine viel raschere Erledigung ihrer Sache versprechen könnte als bei sofortiger Anstellung der Klage und Verhandlung derselben im Geleise des alten Processes, würden damit gewiß vielfach einverstanden sein, besonders wenn ihnen für Alles, was vor dem

1. Oktober geschähe, Kostenfreiheit zugesagt würde. Alles Weitere ließe sich dann leicht mit dem Vorsitzenden des künftigen Landgerichtes, beziehungsweise dem Director einer Civilkammer desselben verabreden. Am 1. Oktober könnte die Klageschrift bei dem Gerichte eingereicht und allenfalls am gleichen Tage auch noch zugestellt werden. Da aber die mündliche Verhandlung schon genügend vorbereitet und also eine weitere Vorbereitung nicht nothwendig wäre, so könnte der Verhandlungstermin sehr gut schon auf den Anfang der nächsten Woche, also auf den 6. oder 7. Oktober, anberaumt werden. Man gewänne bei diesem Verfahren außerdem noch die Möglichkeit, die Gerichtsvollzieher dadurch, daß man sie die Zustellung jener vorbereitenden Schriftsätze vornehmen ließe, wenigstens für diesen Zweig ihrer Thätigkeit zum Voraus einigermaßen einzuüben, und zwar in einer ganz ungefährlichen Weise, weil es ja vor dem 1. Oktober auf Verstöße gegen die gesetzlichen Vorschriften und daraus entspringende Nichtigkeiten nicht ankäme.

So möchte es vielleicht gelingen, die unvermeidlichen Unbequemlichkeiten des Uebergangszustandes wenigstens einigermaßen zu mindern. Auf solche Minderung zu sinnen, haben wir aber um so mehr allen Anlaß, als wir seit länger denn einem Jahrzehnt uns fortwährend in Uebergangszuständen befinden und wohl noch für ein weiteres Jahrzehnt uns in solchen Zuständen befinden werden. Ein so gewaltiges und folgenschweres geschichtliches Ereigniß, wie die Errichtung des neuen Deutschen Reiches, vollzieht sich eben nicht ohne manche Unbehaglichkeit und Unruhe für die Mitlebenden; es stellt an jeden Deutschen, insbesondere aber an die deutschen Juristen große und außergewöhnliche Anforderungen. Erst unsere Kinder oder Enkel dürfen darauf hoffen, sich der neuen nationalen Besitzthümer in behaglicher Ruhe zu erfreuen. Und dennoch, dünkt mir, haben wir allen Grund uns glücklich zu preisen, daß wir diese Zeiten erleben und erlebt haben. Denn nur wer den früheren und den jetzigen Zustand Deutschlands aus eigener Erfahrung kennen gelernt hat, vermag Das, was wir erreicht haben, in vollem Maße zu schätzen; und beglückender als das Gefühl, ein fertiges Haus in Bequemlichkeit zu bewohnen, ist für den thatkräftigen Mann das Bewußtsein, ein Haus nach seinem Sinn und Plan für sich und die Nachkommen zu bauen. Jeder Deutsche aber, vor Allem jeder deutsche Jurist, ist berufen, nach dem Maße seiner Kraft zu dem Ausbau des neuen Deutschen Reiches zu helfen und mitzuwirken.

Auch ich habe durch diese Vorträge zu der großen gemeinsamen Arbeit etwas beitragen wollen. Durch Ihre fortgesetzte wohlwollende und freundliche Theilnahme ist mir aber, was ich ursprünglich nur zur Erfüllung einer patriotischen Pflicht übernommen hatte, zu einer Quelle hohen persönlichen Genusses geworden, woran ich Zeit Lebens mit Freude zurückdenken werde. Empfangen Sie dafür meinen tiefgefühlten Dank, und gestatten Sie mir zuletzt noch die Bitte, auch mir eine bleibende gütige Erinnerung zu bewahren!

Buchdruckerei von Gustav Schade (Otto Francke) in Berlin N.

eine ganze Rechtsmaterie erschöpfenden Gesetze der Neuzeit auszuscheiden, jedoch selbstständige Kommentar-Ausgaben derselben dem Hauptwerke in gleichem Formate zur Ergänzung anzuschließen seien. Dem werthvollsten Theile des Koch'schen Kommentars, den jeder Kenner in der Erläuterung des noch in Geltung stehenden Landrechtstextes und der älteren Ergänzungen erblicken wird, geschieht hierdurch nicht nur kein Abbruch, derselbe gewinnt vielmehr an Uebersichtlichkeit, und auch jene neueren Gesetzeswerke kommen bei dieser Einrichtung besser zu ihrem Rechte.

Ausgeschieden ist ferner mancherlei Beiwerk von Verwaltungs-Reglements, Instruktionen u. dergl., welches ohne entsprechenden Nutzen den Umfang und Preis der letzten Ausgaben vergrößert hatte.

Im Uebrigen ist die Arbeit in dem Sinne Kochs fortgeführt. Der Inhalt seiner Anmerkungen ist, abgesehen von der Ausscheidung des inzwischen Veralteten und von formalen Aenderungen (durch Kürzung, Zusammenziehung, Umstellung u. dergl., wo solches durch sachliche Gründe geboten schien), durchweg konservirt worden. Die neuen Zusätze sind durch 6. u. 7. A. — d. h. sechste und siebente Ausgabe — kenntlich gemacht, dagegen die bisher den neuen Zusätzen der zweiten bis fünften Ausgabe vorangestellten Ausgabezahlen als entbehrlich fortgelassen. Die hiermit in Verbindung stehende Weise Kochs, die Numerirung der älteren Anmerkungen durch alle Ausgaben beizubehalten und neu eingeschobene Anmerkungen mit der voranstehenden Nummer und hinzugefügten Buchstaben zu bezeichnen, erwies sich als eine der Sache nachtheilige Fessel und hat deshalb einer neuen Numerirung Platz gemacht.

Bei dem Citiren mehrbändiger Werke ist die Bandzahl in der Regel nicht, wie bisher, in römischen, sondern in arabischen Ziffern ausgedrückt. Den Hinweisungen auf Erkenntnisse des Ober-Tribunals und des Reichs-Ober-Handelsgerichts ist, soweit dies aus den betreffenden Sammelwerken zu ersehen war, die Nummer des Senats in römischen Ziffern hinzugefügt. Das von Striethorst herausgegebene „Archiv für Rechtsfälle, die zur Entscheidung des K. Ober-Tribunals gelangt sind," ist der Kürze halber mit „Str. Arch." bezeichnet. Sonstige Kürzungen dürften ohne Weiteres verständlich sein.

Man hat es nicht für die Aufgabe dieses Kommentars erachtet, eine Uebersicht der auf die Rechtsgebiete des Landrechts bezüglichen Literatur zu geben, und demzufolge die ohnedies unvollständigen Literaturnotizen, welche Koch in der letzten Auflage hinter die Ueberschriften der einzelnen Titel gestellt hat, fortgelassen. Es ist aber in den Anmerkungen auf die einschlagende Spezialliteratur Rücksicht genommen.

Während des Druckes eintretende erhebliche Neuerungen werden am Schlusse des Werkes ihre Berücksichtigung finden.

Wie die letzte, schnell vergriffene Auflage wird auch diese neue Ausgabe von Kochs Kommentar zum Allgemeinen Landrecht unter Weglassung der großen kodifizirten Gesetze der Neuzeit (Allg. Deutsche Wechselordnung — Allg. Deutsches Handelsgesetzbuch — Strafgesetzbuch für das Deutsche Reich — Preuß. Berggesetz — Grundbuchgesetze vom 5. Mai 1872) **4 Bände** umfassen und schnell hintereinander erscheinen. Das ganze Werk wird im Laufe d. J. 1879 vollständig in den Händen der Abonnenten sein und 80 Mark kosten. Der vierte Band befindet sich unter der Presse und wird noch im Jahre 1879 erscheinen.

Die genannten kodifizirten Gesetze können denjenigen geehrten Abonnenten des Koch'schen Landrechts, welche dies wünschen, als **Supplemente** geliefert werden in selbstständigen kommentarischen Bearbeitungen, und zwar

das **Allgemeine Deutsche Handelsgesetzbuch** von **Makower**, 7. Aufl. 15 *M.*
das **Deutsche Strafgesetzbuch** von **Rüdorff**, 2. Aufl. 10 *M.*
das **Preußische Berggesetz** von **Dr. Klostermann**, 3. Aufl. 9 *M.*
die **Preuß. Grundbuchgesetze** von **Achilles**, 3. Aufl. (in Vorbereitung).

FSC
www.fsc.org
MIX
Papier | Fördert gute Waldnutzung
FSC® C083411

Kolibri 360 GmbH
Ferdinand-Jühlke-Straße 7
99095 Erfurt, Deutschland
produktsicherheit@kolibri360.de